# 中國學術思想 研究輯刊

## 十七編

林 慶 彰 主編

## 第 15 冊

### 《韓非子》「利」觀念之研究

王 真 諦 著

花木蘭文化出版社

國家圖書館出版品預行編目資料

《韓非子》「利」觀念之研究／王真諦 著 -- 初版 -- 新北市：
花木蘭文化出版社，2013〔民102〕
目 2+142 面；19×26 公分
（中國學術思想研究輯刊 十七編；第 15 冊）
ISBN：978-986-322-405-1（精裝）
1. 韓非子  2. 研究考訂
030.8                                    102014738

ISBN-978-986-322-405-1

9 789863 224051

中國學術思想研究輯刊
十七編　第十五冊                ISBN：978-986-322-405-1

《韓非子》「利」觀念之研究

作　　者　王真諦
主　　編　林慶彰
總 編 輯　杜潔祥
出　　版　花木蘭文化出版社
發 行 所　花木蘭文化出版社
發 行 人　高小娟
聯絡地址　235 新北市中和區中安街七二號十三樓
　　　　　電話：02-2923-1455／傳眞：02-2923-1452
網　　址　http://www.huamulan.tw 信箱 sut81518@gmail.com
印　　刷　普羅文化出版廣告事業
封面設計　劉開工作室
初　　版　2013 年 9 月
定　　價　十七編 34 冊（精裝）新台幣 60,000 元

# 《韓非子》「利」觀念之研究

王真諦　著

作者簡介

王真諦，台北市人，中國文化大學哲學碩士、中國文化大學哲學博士候選人，現為公務人員，著有〈論先秦孟、荀「利」觀念的演變與發展〉、〈從王充的〈問孔〉和〈刺孟〉探究孔孟可問可刺者究竟為何〉、〈王充對鬼神存在的破與立〉、〈牟宗三對王充性命論理解之評析〉、〈從〈非韓〉探究王充對韓非哲學的理解〉、〈《老子》「利」思想的辯證研究〉、〈王充的哲學是否為懷疑哲學——李約瑟觀點的商榷〉、〈王充頌漢的目的及方法析論〉、〈當代義利之辨研究類型的探究〉等單篇論文。

提　要

　　歷來對《韓非子》哲學的研究，大都集中在法、術、勢理論、人性或刑名論的探討，鮮少針對其「利」觀念作深入的探討。其實韓非所強調的法、術、勢理論，實為其對治「利」問題的工具理論，因為韓非哲學的立論基礎乃以群體治亂為思考起點，而群體治亂之關鍵實為「利」的問題，故韓非藉由法、術、勢等工具論，探討義利問題的解決之道，與先秦儒家重義輕利的態度大異其趣，他不僅重視「利」，更反省「利」的問題，因利有其公私、大小、長短之分，若無法有效地調和與控制，勢必形成公私異利的情形，造成群體內部價值的對立與矛盾。因此，欲客觀理解《韓非子》倫理哲學的核心，「利」觀念的還原與重建是十分重要的，本文之目的不僅在客觀呈現韓非「利」觀念的理論脈絡，並藉由對其「利」觀念方法與目的之探討，客觀地評價《韓非子》「利」觀念的價值，並論證其內在意涵與最終目的，同時深化吾人對義利之辨的認識，及其意義的重估。

# 目

# 次

# 第一章 導 言

## 第一節 研究動機與目的

　　知識份子的主要學說與內容，通常是很難擺脫其所處之遽變之大時代及大環境的衝擊與影響，韓非子〔註1〕的哲學系統就是一個非常鮮明的例子。韓非所處的時代是一個道德禮教淪喪、宗法制度解體與封建制度崩潰的時代，因此在面對舊制度的瓦解與新制度的建立之際，各諸侯國間所思考的問題，不是如何實行仁義道德，而是著重於如何富國強兵，如何兼併他國以實現國家之最大功利。韓非子清楚的意識到社會的變遷以及時代條件的不同，所以他不同於以往儒家或墨家傳統所提出的仁義禮智或兼愛作爲一內在道德主體性之時代指導方針，他是全然以現實的經驗主義來關注客觀環境中現實面的問題，針對於群體治亂之問題來作思考與反省，因此韓非子的哲學思想很自然地契合著時代的脈動與需求，同時有其客觀實現之價值。

　　韓非哲學的立論基礎是以一群體之治亂爲首要問題之起點〔註2〕，但在群體之社會中，人人所扮演的角色不同，所以其利害立場亦因之而異，若

〔註1〕 本論文所引用的韓非或韓非子，前者是指人名，爲《韓非子》的作者；後者則是指書名，爲韓非所著的《韓非子》一書，不過有些篇章可能爲其弟子所記或後人附益，但在本論文中，筆者的立場是採取全盤接受，視《韓非子》爲一韓非思想總集的態度研究與探討其「利」觀念思想，故《韓非子》可說是韓非思想的精華與代表。故在本論文中，所出現的韓非或韓非子也可視爲意指《韓非子》這本書中的思想之義。

〔註2〕 林義正著，〈先秦法家人性論之研究〉，此文章收錄於《臺大哲學評論》第十二期，頁165。

不齊一萬民之常法，以謀求群體價值之實現的可能，必然會導致人民步調不一，官吏私心自用的爭端亂禍〔註3〕。韓非的「利」觀念就是建立在此一基礎上，韓非清楚的認識到群體之治與亂就在於「利」的問題，公利與私利的問題在群體社會國家中若沒有被妥善的處理，將會導致公利與私利間相衝突與矛盾的情況，造成國家社會群體的亂象。韓非犀利的透視到客觀環境與現實群體社會中，那包裹在層層外衣下的冷酷現實面——「利」的問題，因為人人皆有其利己之心，而人又生活於「群體」（國家或社會團體）當中，其所欲得者之利、所欲避者之害，或者相同又或者不同，而異同處若沒透過一個適當的機制去管理或調節，很有可能會發生利與利之間的衝突與矛盾，以致於造成整體社會國家的不安與亂象。在近代西方許多的政治理論中，韓非「利」觀念的重要性也得到了最佳的呼應與應證，因為近代西方許多政治理論的起點與終點，也都是對於「利」的問題的探討與發展，如近代的社會契約論，就是希望透過契約的模式，讓公利與私利間達到合諧，又如馬克斯的共產主義，也是發現到在群體社會中，私利（資本主義）的過份擴張，所以企求透過共產制度的理想，將私利與公利之拉回到一個平衡點……等。職是之故，所有政治哲學的起點與終點都是對於「利」的問題之探討與發展。韓非對「利」的問題有其深刻的體會研究與應用，並將「利」觀念放入其政治哲學中，作為其整體政治哲學的起點與核心，所以在韓非的法家系統思想中，法、術、勢只是保持國家群體與君主之功利與價值的工具，而不是最重要的目的或根本所在。其實韓非子思想系統真正的核心所在，是在「利」的問題，但卻易為人們所忽略，而只著重於其法、術、勢之工具理論。韓非企求透過對「利」問題之探討與掌握，來建構一套理想的公共觀念，以解決國家社會公私異利的問題。因此若欲正確的理解韓非子哲學之架構，「利」概念的還原與重建是十分重要的。韓非子認為「利」有其公私利之分、長利短利、大利小利……等之分，也因此人人擁有不同之價值觀念，因而容易造成公私、君臣、上下……等異利的情形，而這就是治亂問題的所在與核心。因為若沒有在公利與私利之間取得一個平衡點，容易造成群體與個體之間的不安定與不調合，因此韓非以「公利優先於私利，私利創造公利」的原則，去調合國家群體中治亂問題

---

〔註3〕 王邦雄著，《韓非子的哲學》，（臺北，東大圖書有限公司，民國 68 年 9 月，二版），頁 147-8。

之根源——「利」之問題。企求在這「利」的環境中，透過君主以法、術、勢來落實公利，並且界定「利己」的範圍，以及如何使「利己」與「利他」並存。如此，則以去公私異利之相背與君臣之異利，使君王臣民有所遵循，將群體社會的每一個成員，皆納入國法的同一軌道中，才能上下相合作，結合眾人之私利，將其導之於正途，而歸於一國之公利。因此，由於上述的認知，引發筆者對韓非思想中「利」觀念的內涵，有了一探究竟的動力，以下分五點進一步說明筆者的研究動機與目的：

一、韓非哲學主要關心的問題，在於群體治亂的問題，也就是說，韓非對於現實客觀環境所關心的重點是，在於群體與個體之間如何取得調合與和諧之發展。國家治，則群體與個體之間必有一客觀價值來遵循與發展；國家亂，則群體與個體之間必是過份的各自發展其主觀價值，以致於相互衝突失衡。而群體價值之實現就是「公利」，個體價值之實現就是「私利」。而韓非哲學架構之核心與起點，就是在如何調合「利」的問題，因此韓非哲學中之法、術、勢之理論，只能說是韓非思想體系中的工具論，而不是最重要的哲學問題。惟韓非的「利」觀念卻鮮為後人所重視與研究，故筆者欲藉此論文之研究，以加強與發揚韓非哲學思想中真正的核心觀念與思想。

二、先秦諸子對「利」亦多有論述，韓非的「利」觀念，究竟與之有何差異？這也是筆者興趣之所在。希望藉由本文之分析比較，能夠明確的瞭解韓非思想中的「利」觀念與其同時代的先秦諸子有何不同的特色，同時藉由差異中去釐清韓非思想中「利」觀念的基本問題，並且還原其「利」觀念的內在意涵與目的。

三、以羅爾斯的《正義論》與韓非「利」觀念中的內在理想性之目的作一比較，嘗試以正義的觀點去解讀韓非「利」觀念中的內在理想性，並先對「羅爾斯的『理性』與韓非子的『心』」作一比較，企求先釐清二者對人性所預設的理論基礎有何差異，進而對二者所發展出來的正義觀念作一比較，探討兩者政治理論中的內在理想性觀念（正義）有何差異與兩者理論之共同的價值所在。

四、在還原與論述韓非的「利」觀念後，筆者希望對其「利」觀念作一反省與檢討，並探討「利」觀念在法、術、勢的意涵，以求對於其理論的價值與限制所在有客觀的理解與反省。

五、面對於當前臺灣社會的政治亂象，許多人在面對社會、經濟、政治

各層面問題時，養成了一種只問立場不問是非的一種群體偏執〔註4〕的邏輯謬誤，而韓非的「利」觀念正是修正當前時代課題的最佳典範，如何創造公利的問題？同時如何調合公私異利的問題等，都是最契合於臺灣當前社會所迫切需要的指導方針，在民主自由的臺灣社會，或許《韓非子》「利」概念裡許多的君權概念已不再適用於當前臺灣社會，但韓非在探討「公利」與「私利」問題中，所引發的許多團體正義之概念與觀點，可以藉此反省與檢討臺灣社會的現況，並矯正其錯誤的政治思考邏輯。

　　因此，本篇論文主要目的，就是對於《韓非子》「利」觀念之研究與探討，藉此以說明韓非透過「利」觀念所架構之法家哲學，並論證韓非「利」觀念的內在意涵與最終目的——治。

# 第二節　研究方法與觀點設限

## 一、研究方法

　　在《韓非子》一書五十五篇中，提到有關「利」字的篇章，共計約有四十九篇，因此如果只是藉由《韓非子》原典的閱讀工作中，而想要找出「利」觀念的內在意涵與最終目的並且系統化與論證之，可能會是一個非常困難艱巨的工作，因此對《韓非子》原典的研究工作，必須通過一些研究方法，因為在論文的論述與論證過程中，勢必須有一種可以衡量標準的規範，必需有一種趨向目標、具有方向感的規則〔註5〕，如此才能使本論文討論的焦點清楚明確，並且論證過程中，兼具一致性與相互遞衍性。所以本論文所採取的研究方法，分述如下：

　　（一）基源問題研究法：是指以邏輯意義的理論還原為始點，而以史學考證工作為助力，以統攝個別哲學活動於一設定標準之下為歸宿。「基源問題」是指一切個人或學派的思想理論，必是針對於某一問題的答覆或解答，如果能掌握理論的總脈絡，相對的，一切的內容也是以此問題為根源，所以此問題是基源問題。但一般哲學家往往不會將其學說的基源問題明顯的說出來，

---

〔註4〕　群體偏執的謬誤就是只盲目的遵循自己所處或所信仰的群體，對於此一群體的任何作為與思想言論，不檢驗其對錯與是非，只盲目的遵循與信仰。

〔註5〕　成中英著，〈中國哲學的方法詮釋學〉，此文章收錄於《台大哲學評論》，第十四期，民國80年1月，頁249。

因此常需要邏輯意義的理論還原工作，而理論之還原，就是由許多論證中逐步反溯其根本意向所在〔註6〕。因此在研究韓非「利」觀念的問題時，要使這個問題的解答，能夠確切的以邏輯指涉與還原「利」觀念之根本意向時，基源問題研究法的引用是必需的，如此才能真正抓住韓非「利」觀念的真實意義與內涵。

（二）發生法：即從時間歷程中所呈現的經驗事實的觀點，以此經驗的發生為根據。〔註7〕以一哲學家來說，是著眼於其思想如何一點點的發展變化，而依觀念的發生程式作一種描述。〔註8〕本論文經由對韓非「利」觀念的思想歷程研究，試圖為韓非的「利」觀念找尋思想之根源與歷程，以便深入探討「利」觀念的具體化體系與內涵目的。

（三）詮釋法：針對《韓非子》一書的文獻內容進行分析之前，首先以可認知的語言，將獲得的資料予以清晰的表達，以確定不偏離作者寫作原意，然後才進行進一步解析工作〔註9〕。

（四）歸納法：是指從個別、特殊的知識，概括或推導出一般性知識的推理方法。它的推理前提，是由觀察或實驗得出來的，有關於個別事實的單稱判斷。其結論是把前提中的單稱判斷，推廣到同一類事物全體上去的描述性或規律性的全稱判斷。〔註10〕因此本論文希望藉由歸納法，先由個別、單一的「利」觀念中，從中概括、推導並分析、建立假設，且予以說明，以獲得正確的結論與思考方向。

（五）演繹法：是指傳統邏輯中，指稱由一般性知識的前提，推出特殊性或個別性知識的結論推理，〔註11〕如三段論證法，就是以理性為基礎，根據必然的前提，而推演出必然的結果，韓非的「利」觀念也可由其必然的前提預設推演出必然的結論與目的。

---

〔註6〕 勞思光著，《新編中國哲學史一》，（臺北，三民書局，民國86年10月，九版），頁15。

〔註7〕 唐君毅著，《哲學概論》，上冊，（臺北，學生書局，民國63年，三版），頁197。

〔註8〕 勞思光著，《中國哲學史一》，（臺北，三民書局，民國86年10月，九版），頁8。

〔註9〕 Habermas, *Konwledge and Human Interests*，（Boston：Beacon Press，1971），p171。

〔註10〕 王海山主編，《科學方法百科》，（臺北，恩楷公司，1998年7月，初版），頁22。

〔註11〕 馮契主編，《哲學大辭典》，（上海，中書出版社，1992年10月出版），頁1714。

（六）對照法：就觀念之間呈現之異同，加以區分、比較、說明。例如有關韓非的「利」觀念思想的相關性，便對其與先秦諸子所論的「利」觀念之思想同異性，作詳盡的比較與說明。

（七）比較批判法：比較法是指認識物件之間的相同點或相異點的邏輯方法，事物間的差異性和同一性是運用此方法的客觀基礎，以此比較事物的差異性，來對事物加以區別，以及瞭解事物間相互的聯繫關係，以作取捨，〔註12〕如本論文將韓非的「利」觀念與羅爾斯的《正義論》作一比較，嘗試找出兩理論之間的相關性，並作一分析批判兩理論間的差異性與同一性，並探討兩者政治理論中的內在理想性觀念（正義）有何差異與兩者理論之共同的價值所在。以上是筆者論文研究的幾點方法。接著筆者要論述本文研究的觀點與進程，以彰顯本文的旨趣與結構。

## 二、觀點設限

在進入下一節研究進程之前，首先有幾點需在此釐清的並對於觀點加以設限，以便掌握住本篇論文的範圍、界線以及重要概念，分述如下：

（一）韓非本人及《韓非子》一書，所牽涉到的問題層面相當廣泛，並非本論文可以全部處理與詳加說明，一則非個人治學能力所及，二者亦非個人研究志趣所在，所以在論文進行之前有必要對於觀點加以設限，也就是說有關於文本的真偽問題以及韓非本人所處年代之考證，並不在本論文討論之列，本論文所引具的版本，以陳啓天《增訂韓非子校釋》與陳奇猷《韓非子集釋》和傅武光、賴炎元所注譯的《新譯韓非子》為主，而論文的撰寫方式雖然會對於韓非子所處的時代以及背景因素作一客觀展現，乃是為了整篇論文有一整體性脈絡，而筆者最終所要處理的問題僅限於韓非「利」觀念的研究。

（二）本論文對於韓非「利」觀念探討的核心，在於對「利」觀念的內在意涵與最終目的的探討，並且對於韓非所提及的諸多「利」觀念作哲學性與歸納系統性的論證工作，嘗試還原與重建韓非「利」觀念的思想核心，並論證「利」觀念為其哲學系統的思想核心與基礎。因此本論文對於韓非「利」觀念所作工作，乃是哲學性的論證與探討工作，而非對於其「利」觀念的文學性或文字訓詁方面的探討與研究。

---

〔註12〕 同前揭書《科學方法百科》，王海山主編，頁17。

# 第三節　研究步驟

本論文總共分九章完成，其研究步驟如下：

第一章　導言：此章是說明本論文的研究動機與目的，並且說明寫此論文的研究方法與切入問題之角度與範圍觀點，並對本論文之內容流程作一簡短的介紹。

第二章　韓非的生平性格及其時代背景：客觀的介紹韓非生平性格與其所處的時代背景，透過歷史資料的論述，解讀韓非的生平性格，並論證其生平性格與其「利」觀念間的關聯性，此外，將分別由政治、經濟、社會三個層面去探討韓非當時所處之時代背景，對韓非思想之影響，希望藉由研究方法中發生法的應用，對韓非之生平性格與時代背景的探討與瞭解，以利我們進一步去剖析韓非「利」觀念的歷史視域。

第三章　《韓非子》一書的主要內容及其思想淵源：主要是客觀的陳述與介紹《韓非子》一書的內容主張，藉由不同學者對於《韓非子》一書各篇章的分類，以釐清與瞭解《韓非子》的主要內容與主要目的。此外，並確定《韓非子》五十五篇的眞僞，採取哲學思維的方法論證之，以及分析《韓非子》一書的主張是受何者影響，藉由來源的釐清能更加瞭解韓非子的思想核心與主旨，以及對於韓非的「利」觀念有何關聯性與影響性。

第四章　基本問題的釐清——「利」的基本概念：以基源問題研究法探討「利」字之基本定義與原初意義，藉由古籍中所言之「利」字作一研究，以對「利」字的意義作一分類，以釐清本論文所欲探討之「利」，並且與先秦儒、墨、道三家所言之「利」觀念作一對照比較，藉由差異中去釐清韓非思想中「利」觀念的基本問題。

第五章　《韓非子》「利」觀念的基礎理論架構：先以歸納法研究《韓非子》一書中，所有關於「利」字的文句，並系統化以統整之，筆者個人歸納出其基本理論架構有三點，分別是：一、利己人性觀：人人皆有其自爲心的存在，所以人們對於「利」之追逐是建構在對於自身私利之追逐上，這就是「利」觀念的起點，因爲人人皆有其利己之心，若沒透過一個適當的機制去控制與管理，將會造成公利與私利間衝突的情況，以致造成整體國家社會的不安與混亂的情況。二、社會交換論：因爲人人皆有對於私利追逐之自爲心，因此希望透過一個公正與互利的社會交換機制，讓私利與私利或公利與私利間，由交換的過程中，換取群體的安定，以達到一個合諧共存的情況。三、

利的條件說：乃韓非對於所要追求之「利」的限制與預設，認為適當的「利」，在前提的要求中，在形式上的要求，應該是在取得上是合法的、在使用上是正義的，並且對於利自身是謙卑的，而在實質上的要求，則是利需具有其實用性的，上述三者即構成韓非「利」的理論基礎。

第六章　韓非「利」觀念的解析與理論陳述：經由《韓非子》中「利」觀念的歸納與其基礎理論架構的還原，再加以統整其「利」觀念理論思想的核心所在，並歸納與分析其理論的特色與進程，以此來論述其理論的核心與重點所在，其理論特色與進程可分為五點陳述：一、「私利」乃普遍存在的問題：追求私利的自為心乃普遍的存在於每個人心中，所以私利乃是一實有的存在。二、「公利」與「私利」之間的關係：因為私利的普遍存在，所以人人在面對私利或公利的選擇上，若沒有透過適當的機制去管理與節制，將會造成了公私異利的問題。三、「公利」的優先性：在公私異利的情況下，必須對於公利與私利作一優先次序的安排，才不會發生公私相衝突的情況。在以群體治亂為首要考量的韓非，自然的提出以公利為其優先的主張，並認為公利應透過「法」與「耕戰」來落實國家社會正義的彰顯與客觀價值的建立。四、公利要藉由君主節制私利來實現：將最後執行與落實公利的任務交給君主，由君主透過法、術、勢落實公利的實現與調合公私異利的衝突，五、利的目的在求「治」：透過前述的論述，以圖表歸納與統整出韓非「利」觀念的目的乃在於求「治」。

第七章　韓非「利」觀念與羅爾斯「正義論」的比較：藉由比較批判法，將韓非的「利」觀念與西方自由主義學說《正義論》作一比較，雖然韓非與羅爾斯的政治理論，在立論基礎有極大的矛盾，前者是君主專制一元化的統治；後者則是在民主政治的基礎下，以尊重多元的前提下，試圖在多元中建立統合，但二者之理論對於人性所預設的基礎有其相同性，同時二者之政治理論皆有其共同的理想性，也就是皆是透過對於「利」的問題的掌握，分別透過形式與程序上正義的概念，來建構各自理論中共同的內在理想性目標——利之和（正義）的觀念。

第八章　韓非「利」的觀念之檢討與評價：對於韓非的「利」觀念作一反省與檢討的工作，並對其「利」觀念的批評，作一客觀的探討，同時探討其理論的客觀價值與貢獻所在，並將韓非「利」觀念放入法、術、勢的政治哲學中，探討其意涵所在。

　　第九章　結論：對於本論文全文做一回顧檢討，並對於韓非「利」觀念作客觀評價與檢討的結論，並對韓非的「利」觀念，究竟意義何在？其「利」觀念對於現代人的意義又為何？將「利」觀念的思想放入當今的臺灣社會中作一對照與研討，以探討韓非「利」觀念的現代意義。

# 第二章 韓非的生平性格及其時代背景

　　英國哲學家羅素（Bertrand Russell）在《西方哲學史》序文中說：「哲學家不但是結果，也是因。他們是他們所處時代的社會環境和政治制度之結果，他們（如果他們是幸運的話）也可能是塑造以後時代的政治制度及信仰的原因。」〔註1〕韓非哲學思想就是其所處之戰國時代背景下的產物，韓非面對變亂動盪之際的戰國末期社會，針對現實客觀環境的遽變，提出了針對時代課題的指導方針。韓非的「利」觀念就是在這樣的一個時代平臺下所產生的，所以欲瞭解與研究韓非思想，就需將其放入所處的生平與時代背景中加以理解與解釋。

## 第一節　韓非的生平與性格

　　韓非生處於戰國末期，其正確的生卒年一直沒有確切的定論〔註2〕。關於韓非之生平，根據《史記》老莊申韓列傳所云：

---

〔註1〕 羅素著，《西方哲學史》上，（臺北市，五南出版社，民國87年11月，五版），英國版序頁2。

〔註2〕 近人對於韓非的生年，有多種說法，主要如下：1、錢穆主張生於韓釐王十五年前後 2、陳千均主張生於韓釐王初年 3、陳奇猷主張生於韓襄王末年；而韓非之卒年，也有多種說法：1、史記韓世家以爲卒於韓王安五年 2、始皇本紀卻又云始皇十四年（即韓王安六年），因此韓非之生卒年多所爭論，筆者個人的立場是認爲其生年以錢穆先生的主張較爲可信，因史記中有記載韓非與李斯同學於荀卿，而其使秦在韓王安五年，翌年被殺，（也就是史記所記載的韓王安六年），而此時李斯在秦已十五年了，若韓、李年若相當，則非壽在四十、五十之間。（參考自：吳秀英著，《韓非子研議》，（臺北市，文史哲出版社，民國68年3月，初版），頁5-6）。

「韓非者，韓之諸公子也。喜刑名法術之學，而其歸本於黃老。非爲口吃，不能道説而善著書，與李斯俱事荀卿，斯自以爲不如非。非見韓之削弱，數以書諫韓王，韓王不能用。於是韓非疾治國不務修明其法制，執勢以禦其臣下，富國強兵而以求人任賢，反舉浮淫之蠹，而加之於功實之上。以爲儒者用文亂法，而俠者以武犯禁，寬則寵名譽之人，急則用介冑之士，今者所養非所用，所用非所養，悲廉直不容於邪枉之臣，觀往者得失之變，故作孤憤、五蠹、内外儲、説林、説難十余萬言，然韓非之説之難爲，説難書甚巨，終死於秦。」〔註3〕

由上述《史記》中，太史公對於韓非生平之描述，吾人可從中歸納得到幾個重點：

一、韓非是韓國貴族後裔，且生當韓國衰弱之際，韓非雖爲韓之公子，但卻未被韓王所用，因此身處於政治非主流的勢力。

二、韓非雖是政治上之非主流勢力，卻有強烈的愛國之情，可由前述《史記》中「數諫韓王」、「韓非疾治國不務修明其法制」、「悲廉直不容於邪枉之臣，觀往者得失之變，故作孤憤、五蠹、内外儲、説林、説難十余萬言」而得到印證。

三、韓非雖發憤立論、數諫韓王，以企求能挽救韓國岌岌可危之國勢，但韓非患有口吃，在語言表達上有所障礙，因此在諫言韓王的過程中，自然不能與巧言令色、善於言説的説客與重人〔註4〕相比，所以縱使韓非心中有千萬言，還是爲此一生理的障礙所限制與束縛，因此唯有著書立説以抒其憤，此一先天生理不公平的現實待遇，使其成長過程中，必相當程度影響了日後韓非對於人所處之客觀環境問題的重視。

四、韓非與李斯俱事荀卿，而韓非爲法家之集大成者，而李斯爲法家之現實實踐者。韓、李二者法家思想的建構與實踐，受其師荀子之學的影響，導致二者對人性黑暗面問題的正視，進而影響了韓非對於「利」的問題探討。

---

〔註3〕 司馬遷著，《史記(四)》，(臺北，大申出版社，民國67年3月，二版)，頁2146-7，本論文所引用《史記》的文字，皆是根據此版本，只注篇名，不另加注。

〔註4〕 韓非認爲韓國對外屢屢失敗的原因，是由於内政的不修，所謂内政的不修，乃是因韓國政治盡爲「重人」所把持，而韓非所稱的「重人」乃指「無令而擅爲，虧法以利私，耗國以便家，力能得其君」的「當塗之人」。(參考《韓非子》五蠹篇)。

韓非雖不為韓王所用，但他的著論卻流傳到秦國而為秦始皇所賞識。所以在秦國準備採取李斯的策略攻擊韓國時，韓王這才想到韓非，與韓非共同商量削弱秦國，派他出使秦國，想藉著秦王對韓非的好感，使秦王採用韓非之說，達到弱秦存韓的目的。韓非乃上書力勸始皇先伐趙之大利，以為祖國緩兵。但此計為李斯識破，斯進言於秦王說：

> 「秦之有韓，若人之有腹心之病也，虛處則絃然，若居濕地，著而不去，以極走則發矣。夫韓雖臣於秦，未嘗不為秦病，今若有卒報之事，韓不可信也。秦與趙為難，荊蘇使齊，未知何如？以臣觀之，則齊、趙之交未必以荊蘇絕也；若不絕，是悉趙而應二萬乘也。夫韓不服秦之義，而服於強也。今專於齊、趙，則韓必為腹心之病而發矣。韓與荊有謀，諸侯應之，則秦必復見崤塞之患。非之來也，未必不以其能存韓也，為重於韓也。辯說屬辭，飾非詐謀，以釣利於秦，而以韓利闚陛下。夫秦、韓之交親，則非重矣，此自便之計也。臣視非之言，文其淫說，靡辯才甚。臣恐陛下淫非之辯而聽其盜心，因不詳察事情。今以臣愚議：秦發兵而未名所伐，則韓之用事者，以事秦為計矣。臣斯請往見韓王，使來入見，大王見、因內其身而勿遣，稍召其社稷之臣，以與韓人為市，則韓可深割也〔註5〕。」

同時李斯自知其才不如韓非，因而在韓非使秦之際，向秦王進言，毀曰：

> 「韓非，韓之諸公子也。今王欲並諸侯，非終為韓不為秦，此人之情也。今王不用，久留而歸之，此自遺其患也，不如以過法誅之。」
>
> （《史記·老莊申韓列傳》）

秦王深信引以為然，因而下吏治韓非之罪，李斯趁此機會，假借秦王之命派人遺以毒藥賜死韓非，使韓非自殺冤死於秦。

由上述關於「韓非生平」的重點整理可得知，韓非是一個身處於悲慘環境之下的積極主義者，雖然韓非的先天生理條件與後天客觀環境都充滿著悲劇的色彩，但其積極進取之愛國心，不斷地催促他對於現實客觀環境的不足與限制作出批判與改革，鄭良樹先生描述到韓非的生平性格中說道：

> 「他不效法其他知識份子，投奔他國，甚至於也不在使秦時獻身於賞

---

〔註5〕 陳啓天著，《增訂韓非子校釋》，（臺北，臺灣商務印書館發行，民國71年8月，四版），頁2，本論文所引用《韓非子》書中的文字，皆是根據此版本，只注篇名，不另加注。

識他的秦王；相反的，他堅持留在韓國，即使韓王不用他，他依然上
書陳述他自己的政治主張，最後，他甚至於堅持自己的韓國身分，出
使秦廷，爲自己的國家壯烈犧牲。韓非，是一位堅持自己政治主張的
愛國主義者；似此法家人物，先秦歷史中似乎只此一位〔註6〕。」

由上述可知，韓非雖然有高尚的愛國情操與積極救世之情，但客觀環境現實
面的無情與殘酷，促成韓非正視到現實環境客觀面的限制與不足，也造成韓
非其性格上，經驗主義的傾向。韓非在顯學篇中說：「無參驗而必之者，愚也；
弗能必而據之者，誣也。」（《韓非子・顯學篇》）

　　孫長祥先生也有言：

　　　「韓非知識理論，或治學方法，最大的特色即在『不離事而言理。』
　　　以爲有理而無事，則俱屬空幻意想；有事而無理，則泛濫疑惑無所
　　　歸宿。其目的不僅在純粹學術知識上探討，主要還在以這種思想方
　　　法，解決現實問題〔註7〕。」

所以韓非認爲沒有事實根據，就妄加論斷，顯然是愚誣之行，韓非以爲任何
論證都應有事實根據爲基礎，而且能驗證其眞確性，而其最終目的，主要是
以這種思想方法，將其套用於國家社會中的問題上，以解決現實的問題。李
澤厚先生曾評論其性格說：

　　　「韓非……第一，是由冷眼旁觀的非情感態度，發展到極端冷酷無
　　　情的利己主義。韓非把一切都放入冷冰冰的利害關係的計量中，把
　　　一切行爲、思想、觀念以至情感本身，都還原歸結爲冷酷的個人利
　　　害……，第二，是這種冷靜計算空前的細密化……，第三，這一切
　　　冷靜態度和周密思考，具有異常明確的功利目的〔註8〕。」

因此韓非此一經驗主義的性格傾向，使其在論斷任何觀念與理論事物時，都
以其「唯物的觀點」〔註9〕加以詮釋，牟宗三先生在《政道與治道》一書中說
道：「法家則首先向客觀方面的共同事務之領域用心，而不向主觀方面的個體

〔註6〕　鄭良樹著，《韓非之著述及思想》，（台北，學生書局，民82年，初版），頁585。
〔註7〕　孫長祥著，《韓非子思想的檢討》，文化大學碩士論文，民國68年，頁65。
〔註8〕　李澤厚著，《中國古代思想史論》，（北京，人民出版社，1986年11月，三版），
　　　　頁97-101。
〔註9〕　所謂唯物的觀點，就是以帶有唯物論爲主體的觀點去看待萬事萬物，而所謂
　　　　唯物論，就是認定宇宙萬物都可以用物質來表現，而且都可以由物質來涵蓋。
　　　　也就是說除了物質之外，沒有眞實的存在，所有的存在都淵源於物質，世界
　　　　是隨著物質而改變的，精神完全沒有任何存在與影響的意義。

（個人人格）用心。」〔註 10〕牟宗三先生所謂的「共同事務的領域」就是指客觀的物質環境，也就是指出法家的「物化治道」，而韓非正是「物化治道」的代表，因此，韓非處處皆要以能察驗的態度去求證事實，並且把常識（commonsense）的經驗，層層引伸，最後扣住在政治的結構上予以運用〔註 11〕，並取以其冷靜而理性，不感情用事的經驗主義之偏執性格，全然以利害的觀點去看待人、事、物，完全否定了一切精神層面的價值。因此，韓非的學說之所以容易引起普遍的反感，原因就在於他看到了常人看不到或不願看到的黑暗面，並且公然把宗法政治的殘酷、血緣親情的虛偽揭發出來，暴露於光天化日之下。韓非受到了環境不公正的對待，然而他又把不公正的現實原封不動地展現給人們〔註 12〕，其最主要的目的是要解決現實的問題，企求透過對於現實客觀環境中問題利害的把握，來解決韓國當時的國家危機，也因此造成了韓非只見「利」而不見「義」的基礎理論根據與架構所在。

## 第二節　韓非所處的時代背景

韓非生處於戰國末期之社會，其時周天子權力衰微，而舊有之封建與宗法制度崩潰，國際間外則諸侯爭鬥，內則大臣植黨營私，因此政治制度之蛻化與社會組織之遽變，也造成了政治、社會、學術三個層面遭受到了劇烈的衝擊與影響，而韓非正是處於這動盪紛亂的時代，以下將從政治、社會、學術三個層面，分析韓非所處的時代背景與「利」觀念間的關聯與影響。

### 一、政治層面

戰國末期所奉行的宗法制度與封建制度瓦解〔註 13〕，貴族王室之間的親

---

〔註 10〕牟宗三著，《政道與治道》，（臺北，學生書局，民國 69 年 4 月，初版），頁 39。
〔註 11〕孫邦盛著，《韓非子思想淵源之研究》，文化大學碩士論文，民國 74 年，頁 34。
〔註 12〕蔣重躍著，《韓非子的政治思想》，（北京，北京師範大學出版，2000 年 11 月，初版），頁 217-218。
〔註 13〕宗法是依血緣關係而形成的制度，並在嫡長子的繼承下，而有大宗與小宗之分。而封建就是將領土分封給親屬及功臣的制度。這兩種制度合一，就是以「以宗法血緣的親親之情，去固結政治統屬的尊尊之制，也以嫡長子為大宗的繼承法所形成的尊尊之制，以樹立周元後客觀與絕對的權威地位，來維繫諸別子小宗的親親之情，與封國與宗周之間固守本份的臣屬關係。亦即以血統嫡庶親疏的身份，來固定政治尊卑貴賤的地位。使二者黏結不分，從而穩定政治與社會的秩序與和諧。（參見：王邦雄著，《韓非子的哲學》，（臺北，

親之精神不在，導致尊尊之制的全面潰敗，舊制度的崩潰造成公共秩序的失調，而公共秩序的失調也造成「以力求利」的紛亂局面，在《中國社會通史》一書中，對於戰國時代的遽變作了這樣的形容：

> 「如果說，春秋時代的社會變革大潮可以用波瀾壯闊來形容的話，
> 那麼，入戰國後，這大潮掀起的波濤則更加飛揚激盪，正好像越平
> 川而入大谷，以飛流直下三千尺的宏大氣勢，將春秋時興起的一些
> 舊傳統、舊制度、舊觀念，不由分說地席卷而去。〔註14〕」

因此面對這樣的遽變，各諸侯國之間所思考的問題，乃是如何在遽變的政治局勢中生存下來，因此誠如孟子所云：「萬乘之國，弒其君者必千乘之家；千乘之國，弒其君者必百乘之家。」〔註15〕，「王命不行」就是戰國時期最大之特徵，此一情形可由顧炎武先生的《日知錄》加以檢證，顧氏說：

> 「自左傳之終，以至戰國凡百三十三年。史文闕軼，考古者為之茫
> 昧。如春秋時猶尊禮重信，而七國則絕不言禮與信矣。春秋時猶宗
> 周王室，而七國則絕不言王矣。春秋時猶嚴祭祀，重禮聘，而七國
> 則無其事矣……邦無定主，士無定主，此皆變於一百三十三年間，
> 史之闕文，而後人可以意推者也。」〔註16〕

又如戰國策云：

> 「貪饕無恥，競進無厭，國異政教，各自製斷，上無天子，下無方
> 伯，力攻爭疆，勝者為右。兵革不休，詐偽並起。」〔註17〕

因此周天子早已失去了維持公共秩序的制約力量，而韓非所處的韓國，其土地不足千里，又介於大國之間，西有秦，北有魏，南有楚，在七雄之中，韓最為弱小，又與強秦逼處，當秦國有事于六國，韓國首受其害，因此韓非更能深刻的感受到政治環境的遽變與現實，面對此一「舊制度失其權威，新制度尚未建立」〔註18〕的大破壞局面，韓非清楚的意識到要使韓國富強，首要的工作就是先求群體生活的安治，而群體生活要安定就必需先調合個體「私

---

東大圖書有限公司，民國六十八年九月，二版），頁10-1）。

〔註14〕 龔書鐸主編，《中國社會通史》先秦卷，（山西省，山西教育出版社，1996年
12月，初版），頁589。

〔註15〕 謝冰瑩、劉正浩等編譯，《四書讀本》，（臺北市，三民書局印行，中華民國八
十六年，七版），頁236。

〔註16〕 顧炎武著，《日知錄》，（臺北，世界書局，民國80年），頁304-5。

〔註17〕 劉向集錄，《戰國策》，（臺北，里仁書局，民國79年），頁1196。

〔註18〕 同前揭書《韓非子的哲學》，王邦雄著，頁13。

利」與群體「公利」間的問題。因此韓非統一國家的價值體系，使其全依賞罰，以求一客觀標準的實現與公共秩序的維持，並使其君國之「公利」實現，試圖穩定變亂的政局，進而強固兵權，富國強兵，完成霸業之理想。

## 二、社會層面

馬克思主義經典作家認為，「一切社會變遷和政治變革的終極原因，應當在有關的時代的經濟學中去尋找」〔註19〕，社會層面的探討起點與核心，就是在經濟結構變遷的問題。在宗法制度與封建制度的崩潰之下，相應的經濟結構，亦起重大的變化。附著於土地上的人民，在貴族沒落，井田制度破壞之後，容許私有土地與自由買賣。因此各諸侯國之間，不只是舊有的政治基礎遭到動搖，連帶的經濟基礎也遭到了破壞與動搖。經濟制度的突然失衡與破壞，造成了原有的世襲貴族土地統治特權消失，而下層平民階級被制約的均產經濟破除。由於「井田制度」的破壞，代表著下階層的人民，可一躍而成新的主宰階級，也造成了人人有餘力往各方面發展，且到了春秋末年，開墾的土地增多〔註20〕，鐵製農具出現〔註21〕，灌溉日趨盛行〔註22〕，牛耕技術推廣，施肥技術進步〔註23〕，農業規模日漸擴大，原來的井田制度已逐漸不能適應時代。到了戰國時代，土地私有制形成，井田制度徹底破壞。同時，隨著時代的進步，經濟層面已不僅止於農業，因此「子貢貨殖屢中，與諸侯抗禮；郭縱以冶鐵成業，富比王侯；呂不韋以陽翟大賈，官其及卿相。」〔註24〕於是商業的發達，重利之風盛行，商人成了新興的貴族階級，由於經商可以輕易的獲得財富，導致人民舍本務而趨於工商之末作，因此爭利之風盛行，如《漢書貨殖傳》云：

　　「士庶人莫不離制而棄本，稼穡之民少，商旅之民多，穀不足而貨

---

〔註19〕《馬克思恩格斯全集》第三卷，（北京，人民出版社，1972年），頁425。
〔註20〕錢穆著，《國史大綱（上冊）》，（台北，台灣商務出版社，民國84年，修訂三版），頁91。
〔註21〕王曉波著，《先秦法家思想史論》，（台北，聯經出版社，民國80年，初版），頁271。
〔註22〕薩孟武著，《中國社會政治史》，（台北，三民書局，民國77年，增訂五版），頁38。
〔註23〕參考錢穆著自《國史大綱（上冊）》，頁66-70。
〔註24〕吳秀英著，《韓非子研議》，（臺北市，文史哲出版社，民國68年3月，初版），頁29。

> 有餘……於是商通難得之貨，工作亡用之器，士設反道之行，以追
> 時好而取資，偽民背實而要名，姦夫犯害而求利，篡弒取國者爲王
> 公，圉奪成家者爲雄桀。禮誼不足以拘君子，刑戮不足以威小人。
> 富者土木被文錦，犬馬餘肉粟……飾變詐爲姦軌者，自足乎一世之
> 間；守道循理者，不免於饑寒之患，其教自上興，緣法度之無限也
> 〔註25〕。」

因此富商競相誇耀，棄道德於不顧，貧農受盡剝削，於是人人莫不離制棄本，崇尚商業。而韓非正視了此一重利風氣下之負面作用，就是在人人皆只求其自爲之利，則必導至於私利與私利或公利與私利間的爭奪鬥爭。由此，韓非針對於其所處之趨向自由經濟之社會，提出反對與批判，而提出了「重農抑商」的主張，以矯正人民只重其「私利」而不問其君國「公利」之價值觀。

## 三、學術層面

　　由春秋而戰國末期，隨著封建與宗法制度的解體，學術思想也不再侷限於貴族。自周室衰微，以往世代典守文獻的史官，流散各國，官府藏書也隨之流散民間，促成了學術思想的普及，如孔子提倡「有教無類」，即開私人講學之風，史記稱其弟子「受業通者，七十有七人，皆異能之士也。」（《史記》）因此新興平民於是有了研求學問之機會與志趣，從師講習，馳說於世，教育普及，且近乎職業化。當此之時，思想家輩出，因此造成了九流十家學術思想並起。同時由於前述政治、社會的不安，學者爲了救世之弊，相繼提出解決問題的方法與理論，同時在講究現實利害的戰國之世，各國君主爲了要應付內憂外患，進而爭霸天下，不得不起用有才智之士的情況下，士的地位與影響力大增，也因此戰國時期各國養士之風大盛。史稱齊「宣王喜文學遊說之士，自如騶衍、淳于髡、田駢、接予、慎到、環淵之徒七十六人，皆賜列第，爲上大夫，不治而議論。是以齊稷下學士複盛，且數百人。」（《史記・田敬仲完世家》）、魏信陵君無忌「士無賢不肖皆謙而禮交之，不敢以其富貴驕士。士以此方數千里爭往歸之，致食客三千。」（《史記・信陵君列傳》）、秦相呂不韋「亦招致士，厚遇之，至食客三千人。」（《史記・呂不韋列傳》）由《史記》中的記載可知，士在各國備受禮遇，而其中又以遊說之士爲最，他們大多口才縱橫，且熟悉各國情況，在政治上、策略上又能提出迎合國君

---

〔註25〕班固撰，《漢書（七）》，（台北，鼎文書局，民國63年10月，初版），頁3681-2。

的主意與辦法，在國君的重視與採納之下，往往會產生巨大的影響力，如蘇秦倡合縱、張儀主連橫，而韓非卻爲此「處士橫議」的情況感到憂心，因爲學說雜陳、處士橫議，正如韓非所言「國平養儒俠，難至用介士，所利非所用，所用非所利，是故服事者簡其業，而遊學者日衆，是世之所以亂也。」（《韓非子‧五蠹篇》），韓非認爲「上不明，則生辯焉。」（《韓非子‧問辯篇》）如此便無法建立一個客觀價值，以謀求君國群體價值之實現，因此韓非對於現世「百家爭鳴」之風的盛行感到憂心與反對。

綜觀以上的分析，政治、社會、學術三個層面遞變之衝擊，正是給予思想家決定他思想內容之基點。對韓非而言，他所關注的政治問題，正是他哲學思想的出發點，而政治是不能脫離於現實的社會與學術，因此欲對韓非「利」觀念作一融貫的研究，對其時代背景的掌握與生平性格的研究，應該是最能詮釋與理解其「利」觀念思想起點之代表。

# 第三章 《韓非子》一書的主要內容及其思想淵源

　　欲研究一哲人的思想，當先由其著述入手。著述者，乃是一著述者思想或感觸有所引發而編輯書輯、撰述文章者也，代表著作者之心聲，俗語云：「我口言我心，我手寫我口」是也。由於《韓非子》一書是韓非思想的代表與精華所在，因此欲深入研究韓非相關的思想，則對《韓非子》原典的研究、分析與理解之工作是不可或缺的。故本章將探究《韓非子》一書之主要內容思想、篇卷眞僞、思想淵源與主要目的，希望本論文在正式進入韓非「利」觀念的探討與研究之前，藉由對《韓非子》原典的研究詮釋，找出《韓非子》一書的核心與目的，並確立對《韓非子》一書的基本立場與引用範圍。

## 第一節 《韓非子》一書的主要內容與目的

　　《韓非子》，今通行本皆二十卷五十五篇，乃是法家思想與韓非思想的精華所在，陳啓天先生說：

> 「韓非子者，我國古代政治學要籍也，亦我國古代文學要籍也。秦漢以前，學者多以政治學之眼光研討韓非子，故其學術思想成爲當時爭論之重要問題。唐宋以後，學者誦習之者，多視爲文學書，而不甚措意於其學術思想，學風爲之一變矣。洎乎清代乾嘉以後，漢學家多專力於其書文字之校讎考證，既不措意於政治思想，亦不重視其文學價值，學風爲之一變矣。近數十年來，以西學東漸，與夫

中國漸入于「新戰國時代」之故，始新後有人以哲學及政治學之眼
光而重新研討之。因而知其書在中國文學史上之價值，猶其小焉者。
而其最大價值，則爲其學說在中國政治思想史上之地位甚爲重要
也。〔註1〕」

由上述可知，《韓非子》主要是著眼於政治與哲學的問題，韓非著書的動機，
乃是針對其所處時代之問題作切身的反省與檢討〔註2〕，以求改變客觀環境
的限制與不足。這種思路完全不同於以往以個人內在的主體性與道德性爲主
要關懷的中國哲學。《韓非子》關注的是針對客觀世界的現實性與人自身的
客觀性爲主要問題，目的是在教導統治者如何「務爲治者也」〔註3〕，並針
對當時的戰國亂局，提出一套有效的時代指導方針，以建立新的統治秩序與
群體價值。故韓非在其〈孤憤篇〉中有言：

「智術之士，必遠見而明察，不明察不能燭私；能法之士，必強毅
而勁直，不勁直不能矯姦。人臣循令而從事，案法而治官，非謂重
人也。重人也者，無令而擅爲，虧法以利私，耗國以便家，力能得
其君，此所爲重人也。智術之士，明察聽用，且燭重人之陰情；能
法之士，勁直聽用，且矯重人之姦行。故智術能法之士用，則貴重
之臣必在繩之外矣。是智法之士與當塗之人，不可兩存之仇也。故
資必不勝而勢不兩存，法術之士焉得不危？其可以罪過誣者，以公
法而誅之；其不可被以罪過者，以私劍而窮之。是明法術而逆主上
者，不僇於吏誅，必死於私劍矣。」（《韓非子·孤憤篇》）

在這樣的內憂外犯的情況下，逼使著與韓國王室「命運共同體」的韓非，苦
思焦慮，而有《韓非子》之著〔註4〕。故《韓非子》主要的目的可說是在教導

---

〔註1〕 陳啓天著，《增訂韓非子校釋》，（臺北，臺灣商務印書館發行，民國71年8
月，四版），頁883。

〔註2〕 （《史記·老子韓非列傳》）中有清楚記載，「非見韓之削弱，數以書諫韓王，
韓王不能用。於是韓非疾治國不務修明其法制，執勢以御其臣下，富國強兵
而以求人任賢，反舉浮淫之蠹，而加之於功實之上。以爲儒者用文亂法，而
俠者以武犯禁，寬則寵名譽之人，急則用介冑之士，今者所養非所用，所用
非所養，悲廉直不容於邪枉之臣，觀往者得失之變，故作孤憤、五蠹、內外
儲、說林、說難十餘萬言。」

〔註3〕 太史公在〈論六家要旨〉中言，儒、墨、道、法、名、陰陽六家都是「務爲
治者也」。

〔註4〕 王曉波著，〈中國帝王的統治智慧——《韓非子》思想評介〉，此文章收錄於
《哲學雜誌》第二十四期，民國87年5月出版，頁119。

從政者如何把握國家社會客觀面的問題，以求能改變社會國家頹勢，由君國之利的實現來保障國家社會對內之「治」，以求對外之富強與強盛，進而完成富國強兵之霸業。

　　由上述可知，在《韓非子》五十五篇其主要的思想內容是以「如何使君國的公利實現」爲主要的論述內容與思想，王煥鑣先生將《韓非子》各篇的內容思想與主旨間之相關性，歸納爲六類，分別如下：

　　　　第一類：反映韓國當時之內外情勢，及法術之士欲改革當時政治之
　　　　　　　　理論，於此可探索韓非思想產生的歷史根源，如〈五蠹〉、
　　　　　　　　〈顯學〉、〈孤憤〉、〈說難〉、〈和氏〉、〈亡徵〉、〈存韓〉。

　　　　第二類：論法治之術，爲韓子書之本論部份，如〈定法〉、〈難勢〉、
　　　　　　　　〈二柄〉、〈觀行〉、〈用人〉、〈大體〉、〈問辯〉、〈詭使〉、〈六
　　　　　　　　反〉、〈心度〉。

　　　　第三類：論古事以明法術：如〈難一〉、〈難二〉、〈難三〉。

　　　　第四類：述傳說故事以明法術，如〈內儲說上〉、〈內儲說下〉、〈外
　　　　　　　　儲說左上〉、〈外儲說左下〉、〈外儲說右上〉、〈外儲說右下〉

　　　　第五類：傳說故事集，疑系韓非平時搜集之資料，爲從事論著之用
　　　　　　　　者，如〈說林上〉、〈說林下〉。

　　　　第六類：傳注性之文字，於此可見法家與道家在學術思想上的關係，
　　　　　　　　如〈解老〉、〈喻老〉。〔註5〕

雖然王煥鑣先生只針對《韓非子》主要的三十篇作了分類，不過上述的六項分類，已經很清楚的將《韓非子》書中的主要思想內容，以明確的系統條列歸納出來。不過王煥鑣先生的分類，主要是以《韓非子》書中各篇章的「文體與內容」作分析，「文體」的分析就是上述之第三類到第六類，以文章的體裁來作爲區分與理解《韓非子》書的根據，而「內容」的分析就是上述的第一類、第二類，由篇章的內容來研究《韓非子》的目的與核心問題，因此，經由上述純粹由「文體與內容」的角度來看《韓非子》的內容與目的特性，筆者個人作了以下幾點的歸納：

　　　　一、察現世之失，以矯現世之惡習，如〈五蠹〉、〈顯學〉、〈孤憤〉……
　　　　　　等諸篇，都是韓非針對當時所處之時代的盲點所做的批判，此

〔註5〕轉引自謝雲飛著，《韓非子析論》，（台北，霧峰出版社，民國62年1月，初版），頁17。

乃是其所處之歷史基源的動機。

二、藉古喻今，大量的引用史事與寓言故事，採取不同於傳統儒家思想的解釋方式，企圖藉此扭轉世人的價值觀，此乃是改變現世的價值觀的動機。

三、援法入道，援道入法，通過道家理論來架構韓非哲學中所欠缺的形上學部份，並以道家的「道」貫穿法家思想，使道家被披上技術化的外衣，此乃其學術思想上的動機。

不同於前述的以「文體與內容」來作《韓非子》書之內容目之分類，李志勇先生以各篇章的「目的性」來做分類，其分類如下：

一、法家的基礎理論〈顯學〉、〈五蠹〉、〈難勢〉、〈定法〉、〈問辯〉、〈六反〉上述的六篇中，在說明法家哲學的基本立場，〈五蠹〉、〈六反〉是在說明五種危害國家之人與六種反常的現象，這些是禍國的根本原因，〈難勢〉、〈定法〉則是其確立其法、術、勢哲學的基礎，〈顯學〉、〈問辯〉則是藉批評儒家與俗世的錯誤價值觀，來建構其實用功利的理論基礎。

二、違背基本原理的危機〈詭使〉、〈亡徵〉：〈詭使〉、〈亡徵〉皆是在說明為政者所採行的政治措施是與正確的治國原理相違背的情況。

三、統治者的基石〈南面〉、〈八說〉、〈八經〉、〈二柄〉：〈南面〉與〈二柄〉是統治者所應把握的要務與權柄，〈八說〉與〈八經〉則是統治者應知的錯誤世俗觀念與恆常性的政治原則。

四、穩固統治者基石的方法〈八姦〉、〈備內〉、〈姦劫弒臣〉、〈飾邪〉、〈說疑〉、〈有度〉：上述六篇皆在闡明君主所應防備之人與姦術，以及說明如何整治奸邪以穩固統治者基石的方法。

五、以政治家的角度從失敗中學習〈說難〉〈孤憤〉、〈和氏〉、〈難言〉：藉由上述篇章抒發其政治理念與主張，同時藉由失敗的例子中，找尋法治不易落實的原因。

六、具體之主張〈問田〉、〈難一〉、〈難二〉、〈難三〉、〈難四〉：藉由古事中的例子，將其政治主張落實於具體的人事物中，以申述自己的政治主張和軍事思想。

七、統禦與管理〈內儲說上〉、〈內儲說下〉、〈外儲說左上〉、〈外儲

說左下〉、〈外儲說右上〉、〈外儲說右下〉：藉由傳說故事以明法
術，以明君主統馭與管理之術。

八、法家的遊說技術〈說林上〉、〈說林下〉：前人勸說故事的彙集。
春秋戰國時代，世人競尚遊說，勸人君聽從自己的意見，韓非
將這些事例採集成篇。

九、理想的統治者〈十過〉、〈主道〉、〈揚摧〉、〈大體〉、〈觀行〉、〈解
老〉、〈喻老〉、〈人主〉、〈用人〉：〈主道〉、〈揚摧〉、〈大體〉、〈解
老〉、〈喻老〉藉由道來說明理想的統治者，由事物的整體面去
把握治道，〈人主〉、〈用人〉、〈觀行〉則是將其對道體會的治道
落實於具體政治中的表現與方法。

十、維護國家的安全〈守道〉、〈三守〉、〈功名〉、〈安危〉，〈心度〉、
〈忠孝〉、〈飭令〉、〈制分〉、〈愛臣〉：上述篇章在說明面臨國家
危機時，維護國家安全的方法與治道〔註6〕。

上述的分類只有〈存韓〉與〈初見秦〉兩篇末分類，上述的分類主要是以各
篇章的「目的性」做區分，具體的說明了各篇章在法家思想的目的性與功能
性，並且有次第的分類，由「法家的基礎理論」與「統治者的基石」的基礎
面，到反方向的以「違背基本原理的危機」、「以政治家的角度從失敗中學習」
彰顯其基本理論，進而在實行面上的「具體之主張」、「統馭與管理」、「法家
的遊說技術」，最後在韓非的理想與目的上以「理想的統治者」、「維護國家的
安全」，充份的表現《韓非子》主要思想內容的要點與進程，就是教導從政者
如何把握國家社會客觀面的現實問題，以求能改變社會國家頹勢，以求群體
的安定與合諧，進而達到富國強兵之霸業。

綜合上述分類整理，我們可以綜合「文體與內容」與「目的性」的內容
分類，對《韓非子》的主要思想內容與目下一個結論。《韓非子》主要內容就
是由韓非所處的悲慘環境中所看到的限制與不足處所作的反省與檢討，同時
企圖藉由法、術、勢來整合失序已久的公共秩序，進而教導從政者創造公利
與調合私利，以實現國富兵強以求國治的理想。勞思光先生在其《新編中國
哲學史》中有言：

「韓子之言，甚雜而淺；蓋韓非思想中之基源問題僅是：『如何致富
強？』或『如何建立一有力統治？』至於心性論及宇宙論等方面，

───────────────

〔註 6〕 參考於李志勇先生法家哲學課程授課講義。

　　　　則韓非子實空無所有〔註7〕。」

所以《韓非子》一書的主要目的，便是試圖建立一套政治哲學，以關注與探討如何富強？如何幫住國君建立一有力的統治？以達富國強兵之效。故我們可以用馬克思的一段話來定義，「我的哲學不是用來解釋世界的，而是用來改變世界的〔註8〕。」《韓非子》一書是一個不可分割的整體，它的精神實質滲透到幾乎每一篇章中，幾乎沒有一篇章是與法、術、勢的思想無關。而法、術、勢的思想便是教導主政者如何去亂求治，以達富國強兵之效。故對於《韓非子》的理解應該對其有一整體的把握與認知，而《韓非子》的目的就是要救現世之弊，重新反省當時人們對政治、對學術的信仰，挑戰傳統的儒、墨二家，企求超脫於現世的束縛，全然的以客觀環境的現實面來思考，試圖透過君主以法、術、勢的方法，建立一個全然以機械化計算利害關係爲基礎的法治國家，以「法」來救現世之弊，企求實現富國強兵的理想。

# 第二節　《韓非子》一書的眞僞篇章研究

　　在《韓非子》五十五篇中，關於其眞僞篇章的考證，古今學者多有所爭論，然終因爲歷史久遠，難作切確的論定，所以各學者間有關眞僞篇章的爭論，都是以個人主觀的角度爲立場去判定篇章眞僞，如胡適先生在其《中國古代哲學史》中說：

> 「依我看來，韓非子十分之中，僅有一二分可信，其餘都是加入的。
> 那可靠的諸篇如下：顯學、五蠹、定法、難勢、詭使、六反、問辯。
> 此外如孤憤、說難、說林、內外儲，雖是司馬遷所舉的篇章，但司
> 馬遷的話是很靠不住的（如所舉莊子漁夫、盜蹠諸篇，皆爲僞作無
> 疑）。我們所定這幾篇，大都以學說內容爲根據〔註9〕。」

胡適先生全然以內容爲根據做爲其判斷眞僞的標準，但判斷眞僞的因素不應該只訴諸於內容相似度，而且胡適先生所言的可靠篇章，如果根據上一節的內容思想的「目的性」的分類來說，只能算是法家的基礎理論部份，如果以整體內容思想的相關性與延伸性來推論，則胡適先生所採取的全然以內容爲

〔註7〕勞思光著，《新編中國哲學史一》，（台北，三民書局，民國86年，九版），頁353。

〔註8〕轉引洪鎌德著，《馬克思》，（台北，東大圖書發行，初版，民國86年），頁26。

〔註9〕胡適著，《中國古代哲學史》，（上海，上海書店，民國七十八年），頁233。

根據與「寧可疑而過」的考證立場與態度是值得商榷的。而梁啓超先生則以純文學的角度去考證其眞僞，梁啓超先生在《要籍解題及其讀法》中說：

> 「以文體論，孤憤、五蠹等篇之文，皆緊峭深刻廉勁而銳達，無一枝詞；反之，若主道、有度、揚搉、八姦、十過等篇，頗有膚廓語，主道、揚搉多用韻，文體酷肖淮南子，二柄、八姦、十過等，頗類管子中一部份〔註10〕。」

梁啓超先生以文體作爲《韓非子》各篇章眞僞的依據，不過這樣的考證仍是值得商榷的，因爲個人可能因立論的目的或動機的不同，而改變其文體結構，以求更有效的傳達其思想內容，此外，容肇祖先生則將各篇眞僞的依據作一細部的內容分類〔註11〕，僅能確定〈五蠹〉與〈顯學〉必定爲韓非所作與〈有度〉必不是韓非所作。若是從歷史考證的角度而言，則又有不同於前述學者的看法，在《史記》中司馬遷則認爲：

> 「非爲口吃，不能道說而善著書，…… 故作孤憤、五蠹、內外儲、說林、說難十餘萬言。」（《史記・老莊申韓列傳》）

陳奇猷先生則認爲「除了人主與制分兩篇以外，皆不得謂之贗品〔註12〕。」因此各家對於《韓非子》各篇章眞僞的考證始終缺乏客觀性的標準，各家學者對於《韓非子》各篇章眞僞的考證多半都是出於主觀上的立場作爲判斷眞僞的依據。馮友蘭先生提出了一個較客觀的態度，他認爲：

> 「稱爲先秦某子的書都是某一個學派的著作總集，雖號稱爲某子，但並不肯定其中某些篇是某子所自著的，更不肯定全書都是某子所自著的〔註13〕。」

---

〔註10〕同前揭書《韓非子析論》，謝雲飛著，頁4。

〔註11〕容肇祖先生的分類爲：一、確爲韓非所作者：五蠹、顯學，二、從學說上推證爲韓非所作者：難勢、問辯、詭使、六反、心度、難一，三、黃老或道家言論混入韓非子書中者：解老、喻老、主道、揚搉，四、縱橫或遊說家混入韓非子書中者：初見秦、說難、內儲說上下、外儲說左右上下，五、他家言法，可以確定不是韓非所做的：有度，六、與韓非有關係的記載，因而混入韓非子書中者：存韓、問田，七、司馬遷指爲韓非所做，而未可據信者：孤憤、問田，八、文著非名，似尚有可疑者：難言，九、似是韓非所作，而後段參雜他人文者：姦劫弑臣，十、是否爲韓非之文，疑未能定，而又無充份證據者：愛臣、二柄、八姦、十過、和氏……等，尚有難二、難三、難四等三篇未加考證。

〔註12〕陳奇猷著，《韓非子集釋》，（台北，河洛圖書出版，民國63年3月，初版），頁1161。

〔註13〕馮友蘭著，《中國哲學史新編二》，（台北市，藍燈文化事業，民國80年12月，

在《新譯韓非子》中也說道：

> 「其實古書無所謂真偽的問題，只是純粹與駁雜的問題，若從目錄
> 學的角度來看，這是很自然的現象。原來在使用竹簡木牘的時代，
> 古書是單篇流傳的。一篇或數篇文章捲成一綑，謂之一卷，單獨放
> 置，不像紙張可以裝訂成冊。取讀時，一卷讀畢，擱在一旁，再取
> 另一卷，不像現在整本捧著，一頁一頁的翻讀。所以書籍一多，不
> 同類的著作就容易混雜錯亂〔註14〕。」

所以《韓非子》全書固然有並非出於韓非手筆而被列入的篇章，但因其思想
與之相合而被列入，所以全書內容顯得有點駁雜，類似於文章總集。

此外，在《四庫全書總目提要》有言：

> 「疑非所著書，本各自爲篇，非歿之後，其徒收拾編次，以成一帙，
> 故在韓在秦之作，均爲收錄。併其私記未完之稿亦收入書中，名爲
> 非撰，實非非所手定也。以其本出於非，故仍題非名，以著於錄焉
> 〔註15〕。」

由上述可知，韓非書雖爲後人所輯，但《四庫全書總目提要》中，提出了令
一個可能的論點，就是雖韓非書爲後人所編，又有後人所著的篇章，但大多
數可能仍是韓非所著的，後人所做的，可能整理的成份所佔較大。而筆者的
立場則是引用德國哲學家叔本華（Schopenhauer）在其〈論作品與寫作〉的文
選中說道的一段話，作爲筆者對《韓非子》各篇章真偽的立場：

> 「任何一部作品都是作者思想的複製品。這些思想的價值如果不在
> 內容方面即作者所想的東西方面，就在形式方面即處理內容的方
> 式，亦即作者思想這些內容的方式方面，思想的內容種類很多，正
> 如它給予作品的益處一樣多。所有的經驗材料，即所有本性上和最
> 廣泛意義下歷史性或物理性的事實，都是這裏所說的思想內容，特
> 性是在物件方面，因此，不論作者是什麼樣的人，作品可能都是重
> 要的。可是，相反的，在形式方面，特性卻在主體上，討論的題目
> 可能是大家都能接受的與熟悉的，但瞭解這些題目的方式、思想的

---

初版），頁 114。

〔註14〕 賴炎元、傅武光注譯，《新譯韓非子》，（台北，三民書局，民國 89 年，二版），
頁 7。

〔註15〕 清 永瑢、紀昀等撰，《武英殿本——四庫全書總目提要三子部》，（台北，臺
灣商務出版社，出版年月日不詳），頁 3-181。

形式、則是價值所在，這在主體方面。……因此，拿《浮士德》來
說，他們在這方面比哥德本人看的書還要多，他們研究有關《浮士
德》的傳說，比研究《浮士德》更爲專心〔註16〕。」

筆者藉由上述叔本華的幾段話，表達其個人對於《韓非子》各篇章眞僞的立場，
筆者認爲《韓非子》確實在「內容方面」有所差異，但在作者本身的思想架
構形式方面則有其一貫性，陳啓天先生就認爲說：「從思想的角度來看，這五
十五篇和韓非或者法家的思想，並無任何衝突的地方。」所以筆者認爲此五
十五篇不論其眞僞，都不會影響到筆者對於韓非「利」觀念的思想研究，也不
致於成爲吾人研究韓非「利」觀念的思想障礙，因爲《韓非子》一書中，主
要的思想形式方面都有其客觀的相連貫性，況且先秦各家的典籍，其成書大
多出乎後輩弟子、學者所記載，難免有後人附麗增益之處，若只是依據某些
章節而對典籍加以否定或懷疑，則不免疑古過當，失之過苛，那麼先秦諸子
的思想，就幾乎難有所定論了〔註17〕。因此筆者對於《韓非子》的眞僞立場
與研究範圍乃是採取全部採信與應用的態度，將《韓非子》視爲韓非哲學的
總集，既使有某些篇章和說法，和韓非「利」觀念的思想不合或無關，但仍
是可以提供其他後學者思考的方向，因而不能因爲不同學者主觀考證之眞僞問
題，即對《韓非子》採取否定的態度而予以放棄。反之應該對其闡釋發揚，
對其加以討論研究，以期有研究之功。

## 第三節　《韓非子》一書的主要思想淵源

任何學術思想，從醞釀到完成，往往是多所吸取，而經過思考、反省與
印證，然後才完成整套體系。《韓非子》是法家集大成之作，其思想的生長在
最動亂與百家爭鳴的戰國晚期，精心鑽研過各家各派的學說，因此《韓非子》
的思想淵源也是廣泛的兼涵有各家的思想成分，其主要的思想淵源如下：

### 一、墨家、名家、儒家的影響

《韓非子》一書本來就雜有黃老思想，而黃老思想原來就是博采眾說，
那麼《韓非子》含有墨、名思想就不足爲奇了，事實上，《韓非子》出於戰國

---

〔註16〕叔本華著，《叔本華選集》，（台北，新潮文庫，民國90年5月，二版），頁162-3。
〔註17〕同前揭書《韓非子的哲學》，王邦雄著，頁3。

末期，其書志在救亡圖存、振衰起弊，同時廣博各家學說，研擬應世方針，
對於墨、名之學有所融會，也是自然不過的事，以墨家來說，墨家論法、大
倡功利、實用的觀點，和《韓非子》一致；墨家談「尚同」，取法於天子，與
《韓非子》的尊君觀點類似，墨家倡「兼愛」，打破貴賤親疏之別，與《韓非
子》主張「法律之前，人人平等」精神一樣，墨家所倡導的「兼相愛、交相
利」，基本的立論是從人性自利觀出發，和《韓非子》設論略似，只不過墨子
比《韓非子》更積極、更理想化罷了〔註18〕。同時，墨子對「利」的問題也
有深刻的討論與不同於傳統儒、道的見解，墨家肯認到「利」的重要性與普
遍存在性，故以「義」釋「利」，吳進安先生言：

> 「墨家將『義』釋為『利』，亦可見墨子欲在道德哲學上作一哲學突
> 破，將傳統所言之『個人之自利』轉化而成積極的肯認，將「自利」
> 作意義的轉換，從自我考量提升至以社會為本位，而非以個人為本
> 位，這確實是道德哲學上的高度自我期許，也是倫理學上的創舉〔註
> 19〕。」

故墨子對於「利」所作的探討與研究，是試著提出一套如何將個人與群體之
利相調合的義利一元論，這樣的觀點與看法，間接的影響到日後韓非對於「利」
觀念中在公利與私利關係上的重視與研究。

而名家則是講究名實之辨，以邏輯理論見長，在《史記》中司馬遷有言
韓非「喜刑名法術之學」(《史記·老莊申韓列傳》)。所謂「刑名」，就是「形
名」，猶言「名實」。主要講究「名」和「實」的關係。在法家，「刑名」是「術」
的一種，所以常與「法術」連言，而稱「刑名法術之學」。若把「刑名」抽離
而出，它原屬名家的理論。名家專門研究名和實的關係，以建立推理的法則〔註
20〕。韓非既喜刑名法術之學，這便表示：「韓非的思想也有受名家思想的間接
影響。」名家對於《韓非子》的影響，主要在於循名責實的態度與經驗主義
的論理態度，如在《韓非子》中有言：「無參驗而必之者，愚也；弗能必而據
之者，誣也。」(《韓非子·顯學篇》)，也因此影響到韓非對於賞罰有功有罪
與否的徵驗態度。

而儒家雖在基本立場上與韓非不同，但其在政治思想上所提出的：

〔註18〕 張素貞校注，《韓非子上》，(臺北，國立編譯館出版，民國90年3月，初版)，頁8。
〔註19〕 吳進安著，《墨家哲學》，(台北，五南圖書出版社，民國92年，初版)，頁285-6。
〔註20〕 同前揭書《新譯韓非子》，賴炎元、傅武光注譯，頁19。

「君君，臣臣，父父，子子」（《論語·顏淵篇》）

　　「子路曰：『衛君待子而爲政，子將奚先？』子曰：『必也正名乎！』
子路曰：『有是哉，子之迂也！奚其正？』子曰：『野哉，由也！君
子於其所不知，蓋闕如也。名不正，則言不順；言不順，則事不成；
事不成，則禮樂不興；禮樂不興，則刑罰不中；刑罰不中，則民無
所措手足。』」（《論語·子路篇》）

以上種種的「正名」思想，類似於名家所言的名實關係，簡而言之，儒家是
在肯定一「權分」的觀念，正如邏輯家所說「A 是 A」、「B 是 B」，只表現對
「同一性」觀念之肯定，並末涉及「A」或「B」具有何種內容。說「A 是 A」，
意謂：不論「A」具有何種內容，同一性必須肯定。說「君君臣臣」時，亦是
意謂：不論「君」或「臣」之權利義務如何劃定，「權分」總是必須遵守者﹝註
21﹞。儒家此一「正名」觀念，影響到法家的刑名思想，更加確立與影響了韓
非對於「利」的問題的探討，認爲私利在取得應當合法與使用上之正義，應
當利計當利、循名責實。

## 二、道家思想的影響

　　在《史記·老莊申韓列傳》中明言，韓非子「喜刑名法術之學，而其歸本
於黃老。」（《史記·老莊申韓列傳》）已點明《韓非子》和道家的關係密切，而
傳記本身也是把道家的老子、莊子與法家的申不害、韓非合傳，司馬遷可能是
認定道、法兩家同一源出，在《韓非子》中，有關道家的篇章主要有四章，分
別是〈解老〉、〈喻老〉、〈主道〉、〈揚搉〉，前兩篇重點在解釋老子的原典，但《韓
非子》只是按照自己的需要解老，「解」不動了，甚至篡改老子的原意，以己意
附會老子，他不但以韓非解老子，還以老子解韓非﹝註22﹞，而〈主道〉、〈揚搉〉
則是將老子思想徹底技術化、陰謀化，徹底的轉化爲君主控制臣下之術，如〈揚
搉〉篇中的「執一以靜」（《韓非子·揚搉篇》），把老子的放任無爲，運用爲高
明的手段；〈主道〉篇中的「明君無爲於上，群臣竦懼乎下。」（《韓非子·主道
篇》）展現了尊君卑臣，臣下戰慄恐懼、不敢爲非作歹的效果，因此《韓非子》
可說是雜柔道、法的作品，融合了道家理論，並且將道家技術化，轉而爲政治

─────────────

〔註21〕同前揭書《新編中國哲學史一》，勞思光著，頁 124。

〔註22〕王曉波，〈〈解老〉、〈喻老〉──韓非對老子哲學的詮釋與改造〉，此文章收錄
　　　　于《文史哲學報》第五十一期，1999 年 12 月，頁 6。

上君主爲政之道，同時又進一步轉化爲法、術、勢上的各項論點，透過法家的思考模式將道家的「道」架構在形而上的基礎中，並應用在形而下的現象界中，以法家姿態出現。此外，道家的「道」是注重整體的思想，認爲宇宙間萬事萬物是有序有整體，並將道視爲宇宙中之「一」，爲萬變中之不變，而將現象世界中萬物的多樣性，視爲「多」，並認爲「一」才是本，而「多」則是末，故王弼在《老子指略》中有言：「《老子》一書，其幾乎可一言以蔽之。噫！崇本息末而已矣〔註23〕。」「一」就是永恒不變的眞理，而「多」只是現象界中川流不息的生生變化，因此，道家企求人們先抓住那萬變中不變的「一」，再把這個「一」應用到現象界的「多」中，故「一」與「多」的關係，猶如「本末關係」，道家希望我們能重本輕末，故道家的世界觀頗類似於韓非所主張的「貴一賤多〔註24〕」世界觀，而此「貴一賤多」的世界觀被韓非由形而上下拉到國家政治上，則變成其「一」就是「統治社會人群使之一體化的政治制度和統治法術〔註25〕。」，而「多」就是「物理、人性，是偏、分、私〔註26〕。」而「一」與「多」的關係應是，君主體道執一爲公，決定社會歷史、主宰臣民的命運；臣民偏私，作爲工具屈服於君主。所以，物理人性，作爲道之部份、個體、一偏，沒有完整的、獨立的價值。它必消融在那個神秘的整體性「道」之中〔註27〕。因此，韓非的「利」觀念也是受其道家思想的影響，而將公利視爲「一」，而將私利視爲「多」，以架構成「貴一賤多」的以國家爲本的世界觀。

## 三、荀子的影響

荀子的人性論深深影響韓非「利」觀念中人性論理論基礎的形成，荀子言性惡，相信人性本惡，但荀子也相信人類本能的欲望，可以透過澄明理智

---

〔註23〕原注王弼，導讀袁保新，《老子》，（台北，金楓出版社，出版年月不詳），頁243。

〔註24〕「貴一賤多」的世界觀，並非意指只要道的存在，而捨棄現象界，並非就實有層的意義言貴一賤多，道家思想是持兩端以御之，故「一」與「多」是猶如母子關係的，缺一則無以爲用、無以爲利，本篇論文所指的「貴一賤多」是就「本末的次序」上來論述與討論「一」與「多」的關係，在本末次序上，「一」是先於「多」的，唯有先對於「一」的掌握，才能應用於「多」，並持兩端以御之，故言道家思想爲一「貴一賤多」的世界觀。

〔註25〕馬序著，〈韓非之貴一賤多的世界觀〉，此文章收錄於《哲學與文化》，十八卷第七期，1991年7月，頁620。

〔註26〕同上註，頁623。

〔註27〕同上註，頁623。

的「心」，憑藉禮義教化導引爲善，就是透過「化性起僞」的教化而爲善。荀子所謂的性，只是儒家所說的第一義的性，也就是只論到生物本能欲望生存之性，並不是孔孟所論的人內在自覺之性，徐復觀先生認爲荀子所說的「性」的內容，可分爲三類：

> 「第一類，饑而欲食等，指的是官能欲望。第二類，目辨黑白美惡
> 等，指的是官能的能力。第三類，可以爲堯禹等，亦即後面所說『固
> 可與如此，可與如彼』，這是說的性無定向，或者說指的是性的可塑
> 性〔註28〕。」

而第三類對於性的內容之規定，便是荀子人性論的轉折點，相信人有爲善的可能，因爲人性雖然本惡，但有其可塑性故曰：「今人之性惡，必將待師法然後正，得禮義然後治〔註29〕。」又如「人之性惡，其善者僞。」（《荀子·性惡篇》）。韓非在「利」觀念的基礎理論上，便是繼承其師荀子的看法，《韓非子》中談人性自爲之心，認爲人心各爲己謀，趨利避害，因應人情，便制定厚賞重罰，以收獎勵、嚇阻的功效，二者皆強調外在條件對於人的影響大於人對於自己主觀道德性要求之影響。所不同的是韓非並不談人性善惡的問題，韓非只承認人性都是有其自爲之心的，韓非並未提及自利心即是惡，也沒有提及人性本惡之說，韓非只是繼承荀子對於人性觀察中所發現的問題，但二者解決方法不同，荀子用尊君隆禮，韓非用法來解決，韓非認爲公利的實現，不能期望人們能自律的節治私利，他不相信能化性，因爲他不認爲人人具有其「虛壹而靜」之心，他把這顆「虛壹而靜」之心提升到只有君主一人可得，因此要對治「利」，唯一可靠的只有賞罰，韓非以「法」爲公私利間的最高準繩，荀子則以「禮」爲改變人之性惡的最高標準，二者之學說出發點都是相同的，都由客觀經驗的層面去探討與發掘人性的黑暗面，進而提出修正與調合之道。此外，荀子履以禮義和法度並論，又有重刑與崇尙功利的主張，都對韓非在政治思想上產生了啓迪的作用。

## 四、法家諸子的影響

　　在《韓非子》之前的法家，基本上並未有一健全完整的體系，直至《韓

---

〔註28〕徐復觀著，《中國人性論史——先秦卷》，（台北，臺灣商務印書館，民國88年，12版），頁230。
〔註29〕李滌生著，《荀子集釋》，（台北，學生書局，民國80年10月，六版），頁540。

非子》這本書的出現，才是真正融會與健全了法家哲學的體系，王邦雄先生在其《韓非子的哲學》中說：

> 「法家思想，從齊之管仲，鄭之子產，魏之李克，楚之吳起，韓之申不害，秦之商鞅之事功積累的引導，與管仲書、商君書、慎子書之思想發展的集成，到了韓非，始告成熟，而有其政治哲學體系之建立。〔註30〕」

因此《韓非子》哲學乃是分別被傳統法家的「實際事功的導引」與「政治思想的集成」〔註31〕所影響。在「實際事功的導引」的導引方面，從春秋時期的管仲興漁鹽之利，到魏文侯用李克盡地力之教，以及實行「平糴法」，吳起在楚為相，「令貴人往實虛之地，皆甚苦之」〔註32〕，商鞅在秦變法，「卒定變法之令，令民為什伍，而相收司連坐。不告奸者腰斬，告奸者與斬敵者同賞，匿奸者與降敵同罪。……有功者顯榮，無功者雖富無所芬華。」（《史記‧商君列傳》）都是崇尚實利的例子。子產鑄刑書，李悝撰《法經》，講求用客觀標準，主張成文、公佈的法，都對於《韓非子》產生了先導的作用，而在「政治思想的集成」方面，大致可分為三股力量，一是法治派、二是勢治派、三是術治派，法治派主要是以管子與商鞅，管子思想中充滿了濃厚的重法思想，管子曰：「尊君在乎行令。行令在乎嚴罰，罰嚴令行，則百吏皆恐……，故明君察於治民之本，本莫要於令〔註33〕。」管子以為令行與尊君是有密不可分的關係，商鞅則認為「立法明分，而不以私害法〔註34〕。」、「夫利天下之民者，莫大於治，而治莫康於立君，立君之道，莫廣於勝法。勝法之務，莫急於去奸。去奸之本，莫深於嚴刑。故王者以賞禁，以刑勸，求過不求善，藉刑以去刑。」（《商君書‧開塞篇》）勢治派則是以慎到為代表，慎子曰：「故騰蛇遊霧，飛龍乘雲，雲罷霧散，與蚯蚓同，則失其所乘也〔註35〕。」此段話為慎子主要的論點，以為勢治才是最為重要的，韓非子在其〈難勢篇〉也有引慎子之言，舉慎子之任勢，再反對儒墨之尚賢，說

---

〔註30〕 同前揭書《韓非子的哲學》，王邦雄著，頁70。

〔註31〕 同上註，頁71。

〔註32〕 王利器注疏，《呂氏春秋注疏（四）》，（成都，巴蜀書社，2002年1月，初版），頁2685。

〔註33〕 尹知章注，《管子校正》，（臺北，世界書局，民國44年，初版），頁79-80。

〔註34〕 朱師轍注，《商君書解詁定本——慎子》，（臺北，世界書局，民國47年，初版），頁49。

〔註35〕 慎到撰，《慎子》，（上海市，上海古籍出版社，民國86年），頁200。

明勢位比賢智重要。繼而又以慎子徒用自然之勢，仍不足為治，故主張，以人為之勢（即「法」）建構勢，以使天下大治。術治派則以申不害為主，著重于君主馭臣下之術，以達君主維護國君政權之效。在「政治思想的集成」方面，《韓非子》中是有所引用、有所揚棄的，如在《韓非子‧定法篇》中，也對商鞅的法與申不害的術提出批評的意見，顯然，《韓非子》對於法家諸子學說並非一味繼承與遵循，而是經過思辨而有所揚棄的。法家諸子影響了韓非對於國家社會客觀經驗面的把握，並將此「實際事功的導引」與「政治思想的集成」之效，帶入其政治哲學之中，作為對治「利」觀念的基礎方法與理論。

綜上所述，《韓非子》可說是集先秦諸子之精華大成，再加以法家哲學之觀點來檢討與消化。因此《韓非子》一書雖參有各家思想精華，但仍是透過韓非法家的觀點，以君國公利為首要的核心觀念來解釋與利用，能夠引用的與解釋的則用之，不該引用的與利用的則揚棄之，企求透過對各家學說的檢討與瞭解，支持與論証法家哲學對於現世的急迫性與切合性。

# 第四章 基本問題的釐清——
「利」的原初意義與比較

德國語言學家洪堡特（Wilhelm von Humboldt）有一句廣為傳誦的名言，謂語言不是一些既成的「產品」，而乃人類精神面對世界的一些「活動」[註1]。「利」字就是人類精神面對世界的一些「活動」所做出的符號與象徵，只是表達形式不同，造成「利」字在語言與文字上有不同的表達方式，其間的差異不過是語言為交流的工具，而文字除了現實生活交流以外，還可以留存下來，成為過去人與未來人「交流」的文書媒介，而二者所要傳達的內在精神意義是一致的。因此，本章主要的課題就是要探討人類精神所賦予「利」的基源「活動」意義，希望藉由基源問題的研究方法，能夠釐清「利」字的原初定義與概念，以便幫助筆者更確切的抓住《韓非子》中「利」觀念的真實意義與意涵。

## 第一節 「利」概念的原初意義

「利」字蘊含著許多種類的用法與意涵，如作為形容詞用的鋒「利」之利、又如作為名詞的功「利」……等，在《正中形音義綜合大字典》中有說道：

---

〔註1〕 見 Wilhelm von Humboldt，Uber die Verschiedenheit des menschlichen Sprachbaues und ihren Einfluss auf die geistige Entwicklung des Menschengeschlechts . in：Andreas Flitner and Klaus Giel（ed.） Wilhelm von Humboldt. Werke in Funf Banden 3, Schriften zur Sprachphilosophie.（Darmstadt：Wissenschaftliche Buchgesellschaft，1979），p.418。

「財曰利，經營資產所得之金曰利，險要曰利，富饒曰利，勢曰利，

祿曰利，功用曰利，益曰利；做爲動詞則是貪，便便利，如利他、

利國、利民……等；形容詞則是銳利，巧捷的，順……等〔註2〕。」

由上述可知，「利」字所能引用的辭彙數目十分廣泛，同時其所指涉的意涵也
是蘊含著多種含義，但它們並非雜亂無章法，相反的卻是自成系統的。筆者
將先對於「利」字做一語義成份分析〔註3〕，「利」字大致可分爲三種涵義與
用法：

第一種「利」字的用法，是作爲形容詞的用法，用以指涉銳利、鋒利、
尖銳的物件，如《爾雅》對於「利」字的解釋中，說道：「剡、略，利也。」
〔註4〕「剡」字的含義就是對於尖銳、銳利的東西的形容，如剡鋒、剡利，又
如在《說文解字》中，「利」字的解釋爲「利銛也，刀和然後利」〔註5〕，「銛」
字引伸也有鋒利與銳利的涵義，在《孟子・公孫丑》下篇中，也說道：「兵革
非不堅利也。」（《孟子・公孫丑篇》）在此的「利」字就是作爲對於兵革器具
的形容之用，又如在《韓非子》曰：「吾矛之利，於物無不陷也」（《韓非子・
難一篇》），在此的「利」也是作爲形容矛之用，所以第一種含義的「利」字，
其語義分析的義素成份就是包括〔+尖銳、鋒利〕〔-鈍〕〔+物或非人『內在的
主體』〕，尖銳或鋒利的加號與鈍的減號，代表第一種含義的利是含有尖銳或
鋒利的意思，而不是鈍的，同時是用在某一物或非人的內在主體的形容上。
所以第一種涵義的「利」雖然可視爲「利」字其中一類的基本定義與原初意
涵，但其所具有的涵義與用法，大部份都侷限於對物體或形式的形容，我們
幾乎不會聽到「張三你的長像好鋒利」，但我們常常可以聽到「這只老虎的爪
子好銳利」、「這把劍好鋒利」，在第一種意涵中的「利」，就算有指涉或形容
到人，也絕對無法用於形容人之內在的形容，我們或許可能會說「李四你的

〔註2〕 高樹藩編纂，《正中形音義綜合大字典》，（台北，正中書局，民國84年11月，
二版第十次印行），頁144。

〔註3〕 語意學的一種研究方法，就是把語義分割成最小的對立成份，從而描寫語義
的相互關係，這些最小的對立成份，語義學家稱之爲語義成份（sense
components）或義素分析（seme analysis），如〔父親〕包括〔+男性〕〔+直系
親屬〕〔+長輩〕三個義素，又如〔賣〕這個動詞包括〔+給予〕〔-取得〕，+的
符號代表括弧內肯定的語氣，而-則代表弧內否定的語氣。（參見於何三本、
王玲玲著，《現代語義學》，（台北，三民書局，民國84年，初版），頁92）。

〔註4〕 陸佃注，《爾雅新義》，（台北，商務出版社，民國70年，初版），頁102。

〔註5〕 段玉裁撰，《說文解字注》，（台北，世界書局，民國51年，初版），第四篇下
頁11。

刀子好利」或「王五你的指甲好利」，但我們絕對不會聽到，有關人「內在本質性」的形容是用第一種含義的「利」，如我們絕不會聽到「趙六你心地好利」，因爲第一種含義的「利」字，其所指涉或形容的物件是經驗性，不是分析性的，經驗性的是憑感官所接觸感受的，所以顯而易見，一把刀子鋒不鋒利，用來切肉一試就知，但一個人的「內在本質」是無法用鋒利或銳利等形容詞來界定的，因爲鋒不鋒利、銳不銳利是外在經驗上的感官認知，而人的「內在本質」的問題，則是內在理性自覺的認知。

　　第二種「利」字的涵義，也是作爲形容詞的用法，但其指涉物件不同於前述的「利」物件與意涵，第二種涵義的「利」字是對於收入形式指涉之利，其物件以對人的形容爲主，但也擴及物，最主要與前述第一義之利的差別，在於前者是針對於物或人之外在形式所作的形容；在此第二義的利則是針對人或物自身的損失收入所做的算計之利，在先秦古籍中業已大量的引用第二義的利作爲形容人或物自身的某種收入之形式，如：

　　「且彼若能利國家，雖重幣，晉將可乎。」〔註6〕（《左傳·成公篇》）

　　「小國離，楚之利也。」（《左傳·恒公篇》）

　　「上思利民，忠也。」（《左傳·恒公篇》）

　　「右師將不利戴氏。不肯適晉，將作亂也。」（《左傳·定公篇》）

　　「武王既喪，管叔及其群弟乃流言于國，曰：『公將不利於孺子。』」
〔註7〕（《尚書·周書　金縢》）

　　「彼有遺秉，此有滯穗：伊寡婦之利。」〔註8〕（《毛詩·小雅》）

　　「爲民不利，如雲不克。」（《毛詩·大雅》）

　　「山林藪澤之利，所以與民共也。」〔註9〕（《穀梁傳·成公篇》）

　　「管仲曰：『江、黃遠齊而近楚，楚爲利之國也。若伐而不能救，則
　　無以宗諸侯矣！』」（《穀梁傳·僖公篇》）

　　「軻也請無問其詳，願聞其指。說之將何如？」曰：「我將言其不利
　　也。」（《孟子·告子篇》）

〔註6〕　劉文淇注，《春秋左氏傳舊注疏證》，（台北，明倫書局，民國60年2月，二
　　　　版），頁798。

〔註7〕　吳汝倫撰，《尚書大義》，（台北，中華書局，民國59年3月，初版），頁45。

〔註8〕　唐·孔穎達疏；鄭玄箋，《毛詩正義》，（台北，廣文書局，民61年8月，二
　　　　版），頁224。

〔註9〕　楊家駱主編，《穀梁注疏及補正》，（台北，世界書局，民國52年5月，初版），
　　　　〈成公〉，頁15。

「王曰「何以利吾國?」大夫曰『何以利吾家?』」(《孟子‧梁惠王上篇》)

「春令爲阱擭溝瀆之利於民者。」〔註10〕(《周禮‧秋官司寇第五》)

「凡弩,夾、庾利攻守,唐、大利車戰、野戰。凡矢,枉矢、絜矢利火射,用諸守城、車戰。」(《周禮‧夏官司馬第四》)

上述的例子都是第二種涵義的「利」字代表,主要目的都是針對於某一主體的某種收入或損失形式來作討論的算計之利,所以第二種含義的「利」字,其語義分析的義素成份就是包括〔+收入的形式〕〔-損失的形式〕〔+某一主體〕,也就是指第二種涵義的「利」多是用於形容某一主體的收入與損失的算計,而其利大於害的情況,便是第二種涵義的「利」。第二種涵義的「利」不同第一種涵義的「利」,第二種涵義的「利」主要的論點是針對於某一主體內在形式的收入與損失作形容與探討,如我們可能會說「念大學對我將來的競爭力提升是有利的」或「去大陸投資對我們的事業是有利的」……等,但是有利多少?有利幾分?我們無法明確的說出來,因爲對於第二種利的應用,我們多半是以二分法來判其優劣去作選擇,同時,其問題內容也多半落在某人或某一主體內在形式之收入或損失的討論,所以比較不顯而易見,如我們可能會說「念哲學對我的人生是有利的」,但問題是如何有利呢?這就可能要用到倫理學中質量並計〔註11〕的問題了,如果純就「量」(也就是外在形式的改變)的觀點來討論,念哲學可能不能幫助我什麼,但就「質」(也就是內在形式的改變)的方面來討論,念哲學可能會給予我在對人生的態度上、對生命的意義上、思考邏輯……等,內在形式不顯而易見的改變,因爲使用第二種涵義的「利」時,所做的只是針對於某一問題,所做的算計某種形式收入損失之利,也就是說,第二種涵義的「利」,是根據「事實」來做「推論」與「評斷」〔註12〕,而第一種「利」的涵義,是用「證據」來說明「事實」,所以一把刀

---

〔註10〕 林尹注譯,《周禮今註今譯》,(台北,臺灣商務出版社,民63年11月,二版),頁392。

〔註11〕 黃慶明編著,《倫理學講義》,(臺北市,鵝湖出版社,1998年初版),頁26。

〔註12〕 譬如說有一個小孩,每天都是睡得很早而起得遲,白天做什麼事都顯的有氣無力,他的父母看了這種情形,就認爲他是一個懶惰且不知進取的孩子,但後來才發現,他會這樣,原來是他患了嚴重的腺體病,上述的例子中,小孩沒精打采,早睡遲到,這是「事實」:以爲他故意偷懶,這是「推論」:判定他爲「懶惰的孩子」,這是評斷。推論並不一定是事實,評斷更非眞實。(出自戴華山著,《語意學》,(臺北市,華欣文化事業,民國68年10月,三版,頁103))。

利不利，光外觀上的事實是沒用的，直接拿來切水果一試就知其利不利了。第二種涵義的「利」使用方法與意涵，已進入本論文所討論的範圍，已算是《韓非子》所言的「利」觀念之範圍與內涵；第一種涵義的「利」雖然在《韓非子》中也提到與使用，但不具其內在意涵，且在出現的次數上也不多，所以第一種涵義的「利」並不是本論文所討論之「利」的意涵。

第三種「利」字的涵義，在使用方法上可以作為名詞，也可作為形容詞之用，其所以形成的原因，是一種語義場的關係〔註13〕，由第二義的「利」觀念為核心所延伸出來的語義場關係，如公利、私利、功利、君國之利、百姓之利……等辭彙，都可視為第三種意義的「利」，不同於第二義的「利」之處，在於第二義之「利」只是形容計算收入形式的多或少，而第三義的「利」則是對於一個群體、利益的形式或利益的特徵，提出一明確的指涉意義，第三種意義之「利」的使用方法，在先秦十三經中，並未如前二義之「利」被大量使用，較常出現的是「公利」或「大利」的字眼，如：

> 「唯禮可以已之。在禮，家施不及國，民不遷，農不移，工賈不變，士不濫，官不滔，大夫不收『公利』」(《左傳‧昭公篇》)
>
> 「公事有『公利』，無私忌。椒請先入」(《左傳‧昭公篇》)
>
> 「此叛也，其以歸言之，何也？貴其以地反也。貴其以地反，則是大利也？非『大利』也，許悔過也」(《穀梁傳‧定公篇》)
>
> 「若竊邑叛君似僥『大利』而無名，貪冒之民將置力焉。」(《左傳‧昭公篇》)
>
> 「凡弩，夾、庾利攻守，唐、『大利』車戰、野戰」(《左傳‧昭公篇》)
>
> 「事君大言入則望『大利』，小言入則望『小利』」(《禮記‧表記》)
>
> 「人皆臣人，而有背人之心，況齊人雖為子役，其有不貳乎？子，周公之孫也，多饗『大利』，猶思不義。利不可得，而喪宗國，將焉用之？」(《左傳‧哀公篇》)

不過已出現許多相似或接近「公利」的字眼，由如：

> 「對曰：『公家之利，知無不為，忠也』」(《左傳‧僖公》)
>
> 「六曰主，以利得民」(《周禮‧天官塚宰第一》)

---

〔註13〕 所謂語義場就是在具體語言中，若干個具有相同的區別性語義特徵的義位元素，聚合成為一個語義範圍，這就是語義場（semantic field），如在「動物」這個共同概念支配下，貓、狗、馬、虎、象等詞共同構成一個語義場。

「凡此五物者，治其事故。及其萬民之利害爲一書，其禮俗、政事、教治、刑禁之逆順爲一書，其悖逆、暴亂、作慝、猶犯令者爲一書，其箚喪、凶荒、厄貧爲一書，其康樂、和親、安平爲一書。凡此五物者，每國辨異之，以反命于王，以周知天下之故」（《周禮·秋官司寇第五》）

「山林藪澤之利，所以與民共也」（《穀梁傳·成公篇》）

「安社稷、利國家者，則專之可也」〔註14〕（《公羊傳·莊公篇》）

「厥攸作，視民利用遷」（《尚書·商書　盤庚》）

「刳木爲舟，剡木爲楫，舟楫之利以濟不通；致遠以利天下，蓋取諸渙。服牛乘馬，引重致遠，以利天下，蓋取諸隨」（《周易·繫辭下傳》）

「備物致用，立成器以爲天下利，莫大乎聖人」（《周易·繫辭上傳》）

上述的例子中，雖未言明「公利」的觀念，但是其以民利爲用的觀念、興天下利或以萬民的利害爲考量……等思想，都可說是在傳達「公利」的思想，所以在先秦古籍中已出現許多相似或部份符合第三義的「利」觀念，只是可能礙於當時文字或語義的發展並不成熟，或是當時文字的習慣用法不同於今，以致未有大量使用第三義的「利」字。第三義的「利」其實就是第二義的下義關係，以此構成一語義場的關係，第二義的「利」其語義成份分析就是〔+收入的形式〕〔-損失的形式〕〔+某一主體〕，而第三義的「利」就是第二義的下義關係〔註15〕，其語義成份分析，是多加了一個 X 的變數，如「公利」的語義成份分析就是〔+收入的形式〕〔-損失的形式〕〔+大多數人〕=X，這個〔大多數人〕就是變數 X，又如「長利」其語義成份分析就是〔+收入的形式〕〔-損失的形式〕〔+時間上長久〕=X，〔+時間上長久〕就是變數 X，所以第二義的「利」是上義詞，以此延伸出「公利」、「私利」、「長利」、「短利」、「大利」、「小利」、「功利」……等，都是下義概念，其語義成份的義素成份，都是由第二義的「利」觀念所做出的衍生

〔註14〕 楊家駱主編，《公羊注疏及補正》，（台北，世界書局，民國 52 年 9 月，初版），莊公 18-22 頁 16。

〔註15〕 所謂下義關係，也是蘊含關係，即下義詞義蘊含著上義詞義。如說「這是蘋果」，就蘊含著「這是水果」的意思；說「這是鬱金香」，就蘊含著「這是花」的意思。所以「公利」的意思，也就蘊含第二義的利的意思，不過是第三義的利，多加了一個 X 變項的含義。（參見於何三本、王玲玲著，《現代語義學》，（台北，三民書局，民國 84 年，初版），頁 104）。

意義，其語義場關係如下圖表：

| 利 | 時　間 | 長利、短利 |
|---|---|---|
| | 數　量 | 大利、小利 |
| | 人　數 | 公利、私利 |
| | 特定單位 | 君國之利、百姓之利、天下之利……等 |
| | 分　類 | 語義場的下義詞 |

第三義的「利」在《韓非子》中業已大量引用，如：

「反此八者，匹夫之私毀，人主之公利也。」（《韓非子・八說篇》）

「匹夫有私便，人主有公利。不作而養足，不仕而名顯，此私便也。息文學而明法度，塞私便而一功勞，此公利也。」（《韓非子・八說篇》）

「明主之道，賞必出乎公利，名必在乎為上。」（《韓非子・八經篇》）

「欲內相存之言，則必以美名明之，而微見其合於私利也。」（《韓非子・說難篇》）

「我不以清廉方正奉法，乃以貪污之心枉法以取私利，是猶上高陵之顛，墮峻溪之下而求生，必不幾矣。」（《韓非子・姦劫弒臣篇》）

「布衣循私利而譽之，世主聽虛聲而禮之，禮之所在，利必加焉。」（《韓非子・六反篇》）

「以藉人臣，非天下長利也。」（《韓非子・備內篇》）

「故法之為道，前苦而長利；仁之為道，偷樂而後窮。」（《韓非子・六反篇》）

「是以愚贛窳惰之民，苦小費而忘大利也，故綦虎受阿謗。」（《韓非子・南面篇》）

「顧小利則大利之殘也。」（《韓非子・十過篇》）

「嬰兒子不知犯其所小苦致其所大利也。」（《韓非子・顯學篇》）

「所謂重刑者，姦之所利者細，而上之所加焉者大也；民不以小利蒙大罪，故姦必止者也。」（《韓非子・六反篇》）

所以，第三種涵義的「利」字的出現，可能是到了戰國時代才被逐漸普及使用，第三種涵義的「利」大量出現於《韓非子》中，也成為《韓非子》書中「利」字的主要特徵，所以也是本論文所主要的討論範圍所在。

# 第二節　先秦儒、墨、道三家中所言的「利」觀念

　　我國學術發展，到先秦時期達到顛峰狀態，因此成爲中國學術與文化的源頭，而且不斷在歷代開花結果。因此，今天我們所討論「利」觀念的問題，在基源意義上，當然也得對先秦哲學中，除了法家之外的另外三家顯學作一探討，以下將對儒、墨、道三家的「利」觀念作一研究與探討：

## 一、儒家

### （一）孔子和孟子

　　孔子和孟子對於「利」的觀念與態度是相當接近的，孔孟所提出的時代指導方針，都是由人之內在自覺性的覺醒爲出發點，所以孔子會提出「仁」、孟子會提出「性善說」，因此在《論語》與《孟子》所談到與引用的「利」字，多半都只停留在「利」字的第二義上作理解與引用，都是對於外在形式的收入或損失做算計之利，孔孟都以此「利」字作爲其學說上的攻擊目標，在《論語》中，孔子已有排斥與反對私「利」的概念，如：

　　　　「子罕言利與命與仁。」（《論語・子罕篇》）

　　　　「子曰：『君子喻于義，小人喻於利。』」（《論語・里仁篇》）

孔子首先明確的確立了「利」的對立範疇，那就是「義」與「利」，孔孟只注重「仁義」而排斥「利」，張岱年先生在《中國哲學大綱》中說道：

　　　　「孔子很少說利，蓋孔子一生做事，不問某事之間有利無利，只問其合義不合義。合於義的行爲也許即是有利的，但儒家並不注意其究竟有利與否，而只注意其合義與否。」〔註16〕

孔子提倡「君子義以爲上」，要求君子應以「義」作爲行爲的最高標準，而不顧及客觀效果〔註17〕。故《倫語》有言：「君子義以爲質，禮以行之。」（《論語・衛靈公篇》）孔子的義字，特別注重在宜於我的一點上。義利兩字的分別，即在於宜我於否。我可以拿的東西，我拿，這是義。我不可以拿而拿，則爲利〔註18〕。孟子則是更加的確立孔子的義利的範疇，所以有其義利之辨的產

〔註16〕張岱年著，《中國哲學大綱》，（台北，藍燈文化出版社，民國81年4月），頁439。

〔註17〕葛榮晉著，《中國哲學範疇導論》，（台北，萬卷樓發行，民國82年，初版），頁488。

〔註18〕羅光著，《中國哲學大綱》，（台北，臺灣商務印書館發行，民國88年，二版），頁189。

生，孟子認為：「大人者，言不必信，行不必果，惟義所在。」(《孟子‧離婁篇》)孟子的思想觀念基本上就是孔子思想觀念的延續，孟子希望「以德」行「王道」，而不是法家思想中的「以力治國」，問題是如何「以德治國」呢？那就要回復到周禮的舊制度中，重新建立起親親的精神、與尊尊之制，由對人的內在自覺性與本質性的喚醒作起，因此，孟子在談到「利」與「義」的問題時，會有著尚義反利的態度，如《孟子‧梁惠王上》中說：

> 「孟子見梁惠王，王曰：『叟！不遠千里而來，亦將有以利吾國乎？』孟子對曰：『王何必曰『利』？亦有『仁義』而已矣。王曰『何以利吾國？』大夫曰『何以利吾家？』士庶人曰『何以利吾身？』上下交征利，而國危矣。萬乘之國，弒其君者，必千乘之家；千乘之國，弒其君者，必百乘之家。萬取千焉，千取百焉，不為不多矣。苟為後義而先利，不奪不饜。未有『仁』而遺其親者也；未有『義』而後其君者也。王亦曰『仁義』而已矣，何必曰『利』？」(《孟子‧梁惠王上篇》)

孟子認為如果人人都向「利」，則必會引起社會國家的危亂，因為「私利」與「私利」之間，本身是矛盾的，而義則是內在和諧的，如果人人都尚義，則社會國家定會安和樂利而無所爭。由上述的分析，筆者認為孔孟在探討「利」的問題時，多半是以第二義的「利」來作討論基礎，以致「利」字在孔孟學說中，成為罪惡的象徵與被攻擊的目標。孔孟哲學對於客觀環境現實面的問題，所提出的解決方案，是由個人內在道德主體性的喚醒作為起點，所以對於「利」的觀念與看法，孔孟是採取全盤否定的，只言「義」而不言「利」，但孔孟忽視了「利」有公私之分，且「個體」與「群體」間的調合，個體的「私利」與個體的「私利」也是可能透過某種管理或監督機制，調合與統一成為「公利」的，而且孔孟所言的「仁義」所冀望的不就是興天下利，這不就是一種公利的實現嗎？個體「私利」的算計不可能不存在，也不是錯誤，重點在於個體「私利」在取得上的合法性和使用上的正義性。

## (二) 荀子

荀子也是儒家的一派，會與孔孟分開論述，在於荀子對於「利」字的觀念與態度與孔孟不同，荀子也極重視義利之辨，他說：

> 「為事利，爭貨財，無辭讓，果敢而振，猛貪而戾，然唯利之見，是賈盜之勇也。輕死而暴，是小人之勇也。義之所在，不傾於權，

不顧其利，舉國而與之不爲改視，重死持義而不撓，是士君子之勇

也。」〔註19〕（《荀子·榮辱篇》）

「不學問，無正義，以富利爲隆，是俗人者也。」（《荀子·儒效篇》）

「唯利所在，無所不傾，若是則可謂小人矣。」（《荀子·不苟篇》）

雖然對於義利的問題荀子與孔孟是站在相同的立場，不過荀子對「利」的觀
念並不像孔孟一般，持全盤否定的立場，他是主張「兼顧義利」的立場，其
主要的原因在於荀子在人性論的立場上，與孔孟背道而馳，孔孟相信人內在
自覺性的可能，所以主性善，荀子則認爲人性本惡，他說道：

「凡禮義者，是生於聖人之僞，非故生於人之性也。」（《荀子·性
惡篇》）

「人之性惡，其善者僞也。今人之性，生而有好利焉，順是，故爭
奪生而辭讓亡焉。」（《荀子·性惡篇》）

荀子肯認到人性之性惡，同時他認爲「好利惡害，是君子小人之間之所同也；
若其所以求之之道則異矣。」（《荀子·榮辱篇》）既然私利是每個人皆有的，
那麼應該如何解決此一問題呢？荀子比孔孟更深入的論到「利」的問題，荀
子說道：

「義與利者，人之所兩有也。雖堯、舜不能去民之欲利，然而能使
其欲利不克其好義也。雖桀、紂亦不能去民之好義，然而能使其好
義不勝其欲利也。故義勝利者爲治世，利克義者爲亂世。」（《荀子·
大略篇》）

荀子對於「利」的觀念是「以義制利」，不同於孔孟「去利尙義」，荀子在「利」
觀念上已具備了韓非「利」觀念的初步雛形，所謂「以義制利」中的義可以
說是一種正義的涵義，在「利」的使用上是正義的、公正的，自然人人先義
後利，以義制利，荀子漸漸注意到第三義「利」的問題，「利」不只是對於個
體的收入或損失的計算之利，「利」的概念是可以擴充到個體與群體間調合的
問題，既然人人皆有自爲之利，不如把「利」的使用上，先預設一個大前提
的存在，那就是「正義」或「公正」，如此，則能以義制利。

---

〔註19〕同前揭書《荀子集解》，李滌生著，頁58。

## 二、道家

### （一）老子和莊子

道家老莊對於「利」的態度是與儒、法、墨大異其趣的，在《老子》中，「利」字多半作為第一義或第二義的形容詞來使用，如：

> 「水善利萬物而不爭。〔註20〕」（《老子・第八章》）

> 「絕聖棄智，民利百倍」（《老子・第十九章》）

> 「服文綵，帶利劍，厭飲食，財貨有餘，是謂盜夸，非道也哉。」（《老子・第五十三章》）

> 「天下多忌諱，而民彌貧；民多利器，國家滋昏」（《老子・第五十七章》）

在《莊子》中對於「利」字也有相似的用法，如：

> 「若然者，藏金於山，藏珠於淵，不利貨財，不近貴富」〔註21〕《莊子》天地篇。

不過在《莊子》與《老子》中，也提及對於「利」觀念的基本立場，如在《老子》中說道：「絕巧棄利」（《老子》第十九章），就是否定「利」觀念的存在，因為會使民「有所為」，在《莊子》中也說道：

> 「是故大人之行，不出乎害人，不多仁恩；動不為利，不賤門隸；貨財弗爭，不多辭讓；事焉不借人，不多食乎力，不賤、貪污；行殊乎俗，不多辟異；為在從眾，不賤佞諂；世之爵祿不足以為勸，戮恥不足以為辱；知是非之不可為分，細大之不可為倪。聞曰：『道人不聞，至德不得，大人無己。』約分之至也。」（《莊子・秋水篇》）

> 「聖人不從事於務，不就利，不違害，不喜求，不緣道。」（《莊子・齊物論》）

老莊對於「利」觀念都先提出否定的立場，但老莊二者也都對於「義」持否定立場〔註22〕，不過老莊二子還是承認「利」有其用，所以老子說：「有之以為利，無之以為用。」（《老子・第十一章》），老莊哲學對於「利」的觀念就

---

〔註20〕 蔣錫昌著，《老子校詁》，（台北，明倫出版社，民國62年2月，二版），頁44。

〔註21〕 原注郭象，導讀林聰舜，《莊子上》，（台北，金楓出版社，出版年不詳），頁227。

〔註22〕 如老子說：「絕仁棄義，民復慈孝。」，莊子說：「仁義之端，是非之途，樊然殽亂，吾惡能知其辨。」

像其哲學觀一般，老莊哲學重點並不在於求「利」能得「利」或求「利」會去「義」的問題，它並不能解決問題，但它能使人有一種精神境界，看透事物的兩端，所以莊子會說：「以道觀之，物無貴賤；以物觀之，自貴而相賤；以俗觀之，貴賤不在己。」（《莊子‧秋水》）老莊對於「利」的觀念是沒有立場的，「利」可以為有，也可以腐化人心，因為適當對利的追求，就是無為，無為就是該做的做，不該做的不去做，能如此自然無為而無不為；過份對利的追求，則會造成有為造作的情況，正是道家哲學所正視到的問題所在。所以老莊哲學要提升人的精神層面到另一個平臺上，能如此「利」的問題就不成問題了，所以老莊哲學對於「利」的觀念，不是要解決問題或找尋答案，但能取消問題〔註23〕。

## 三、墨家

### （一）墨子

墨子極重視「利」的問題，但他也重視「義」，墨子以為「利」等同於「義」，一個行為應不應該為，要看其有利或無利來決定，有利便是應當；無利便是不應當，在《墨子》的許多主張，如〈尚同〉、〈兼愛〉、〈非樂〉、〈明鬼〉……等，其背後的理論基礎都是在於「利」的，尚同的原因是能促進國家之利，若「是以一人一義，十人十義，百人百義，其人數茲眾，其所謂義者亦茲眾。」〔註24〕（《墨子‧尚同篇》），如此則無法建立客觀標準治理國家，而兼愛的原因在於要「交相利」，非樂的原因是因為過份的奢侈會造成天下百姓的不利的，所以墨子說：「仁之事者，必務求興天下之利。」（《墨子‧非樂篇》），而明鬼的原因最主要是在告誡世人，有一正義的鬼神會懲惡賞善，目的也是為了興天下利。不過墨子在求「公利」的同時，也提出了義的觀念，來作「利」的學說基礎，他說：「天下莫貴於義」（《墨子‧貴義篇》），又說：「義者正也。何以知義之為正也？天下有義則治，無義則亂。我以此知義之為正。」（《墨子‧天志篇》）墨子的「利」觀念可說是針對儒家的修正，墨子不同意孔孟只強調動機，完全排斥效果的唯心論點，主張「志功合一」論。他所謂的「志」

〔註23〕馮友蘭著，《中國哲學史新編二》，（台北市，藍燈文化事業，民國80年12月，初版），頁150。

〔註24〕張純一著，《墨子集解》，（台北市，文史哲出版社，民國71年2月，二版），頁101。

即行為的動機，所謂的「功」即行為的效果，墨子主張動機和效果二者不能偏廢〔註 25〕。因此，墨子提出了「公利」的觀念，不同於儒家純粹只由個體「私利」來看待「利」，故儒家與墨家，雖一反利一重利，而其所謂的利，實非全然一事〔註 26〕。不過值得注意的是，墨子在先秦諸子中，首先提出了「利」的第三義的概念，會有這種的轉化，可能是因為墨子以「利」為出發點，所以發現到仁義固然能淨化人心，但要求實效的興天下，最主要還是在於「利」的問題之掌握。

　　儒、道、墨三家都看到了「利」問題的存在，但因為各自學說理論上出發點的不同，因而對於「利」觀念有不同的主張與認知，孔孟以仁為出發點，因而尚「義」去「利」，但所去的「利」，是「私利」的問題，而荀子則漸漸重視到「利」的問題，因為荀子重禮治、相信人性本惡，所以他認為要「以義制利」，老莊則是以另一個角度去看待「利」觀念，目的在取消人人心中求利或求義的問題，要人人自然的無所為而為，墨子算是真正正視到「利」的本義的問題，所以他以「義」調「利」，目的是要興天下之「公利」，而韓非處於戰國末期，因此其「利」觀念對於前述諸子或有繼承、或有修改，加上當時所處的時代，更加動盪不安、戰禍肆虐，所以更加深其對於「利」問題的探討與研究，促使其發展出「利」觀念之哲學思想。

---

〔註25〕同前揭書《中國哲學範疇導論》，葛榮晉著，頁 490。
〔註26〕同前揭書《中國哲學大綱》，張岱年著，頁 441。

# 第五章　《韓非子》「利」觀念的 基礎理論架構

　　「一個論證（argument）是由前提（premises）和結論（conclusion）兩部份所組成的。前提和結論都是命題（proposition），都有真假可言。前提即是支持結論的理由。」〔註1〕而每一家的哲學體系，也都有某些大前提的基本假定，再由此逐次推廣出去，以建構其哲學體系。也就是說，每一家哲學的大廈，必由其理論基石建構而成。此是研究任何一家哲學，最根本的所在，一切的智慧與偏見，均築基於此，一切的批判與論斷，也必就此而加以剖判，才有意義，也才能抓住問題的關結〔註2〕。因此欲研究與探討《韓非子》中「利」觀念的核心問題，必須先追究其各方面理論基礎，筆者將由三個主要的基本方向去找尋與探討其基本理論架構，分別是由對人性論認知的基礎、社會運作中方法論的架構及韓非對於所欲架構之「利」自身觀念的認知與定義，歸納出利己的人性觀、社會的交換論、利的條件說爲其「利」觀念中的基本理論架構，此三者實爲韓非「利」觀念哲學中的大前提，其形式架構，皆以此爲基，因此欲研究其「利」觀念的理論內容，必先對其理論大前提有一透徹的瞭解，才能對於《韓非子》「利」觀念的核心問題有明確的了解與真切的把握。

---

〔註1〕　葉保強、余錦波著，《思考與理性思考》，（台北市，臺灣商務印書館發行，民國83年，初版）頁165。
〔註2〕　同前揭書《韓非子的哲學》，王邦雄著，頁102。

# 第一節　利己的人性觀

先秦諸子所提出的學說主張，「在哲學的意義上說，都是對當時政治社會的情況不滿意，以為是走離了天道與民情，思想家於是挺身而出，指點迷津，提出化解之道〔註3〕，」而這「化解之道」之理論基礎的考察，往往是由對人性論的考察來決定其所提出解決方案的內容〔註4〕，韓非「利」觀念的理論基礎，也是先由對人性觀的考察與研究所展開的。

## 一、考察人性的方法與範圍

### （一）由「現實經驗的客觀面」對人性作考察：

在第二章介紹韓非生平與性格時，已說明韓非所具有的經驗主義性格，受此性格的影響，考察人性韓非並不從「人之所以為人之本質上」去論述人性的定義，而是全然針對現實客觀世界所看到的人性去作一考察，因此在〈五蠹篇〉中有說道：「事異則備變。」（《韓非子·五蠹篇》）主要是在說明問題的發生，因為所處時代的不同，因此解決方法也就不同。所以要解決時代的課題，必先由其時代當前的現實經驗客觀面來考察，來找尋解答問題的方法，而戰國時代是人口增多但生活資料並未相應而充足，因此故曰：

> 「古者丈夫不耕，草木之實足食也；婦人不織，禽獸之皮足衣也。不事力而養足，人民少而財有餘，故民不爭。是以厚賞不行，重罰不用而民自治。今人有五子不為多，子又有五子，大父未死而有二十五孫，是以人民眾而貨財寡，事力勞而供養薄，故民爭，雖倍賞累罰而不免於亂。」（《韓非子·五蠹篇》）

所以韓非認為並不是由於古代的人道德品質較高而不爭，現在人的道德品質較差，而是因為古今「薄厚之實異也。」（《韓非子·五蠹篇》）。故曰：

> 「堯之王天下也，茅茨不翦，采椽不斲，糲粢之食，藜藿之羹，冬日麑裘，夏日葛衣，雖監門之服養，不虧於此矣。禹之王天下也，身執耒臿以為民先，股無胈，脛不生毛，雖臣虜之勞不苦於此矣。

---

〔註3〕鄔昆如，〈法家社會哲學之研究〉，此文章收錄於《臺大哲學評論》，民國72年1月，頁11。

〔註4〕如儒家孟子相信人性本善，人人具有四端之心，所以主張重新喚醒已沉睡於每一個人心中的內在自覺性，以仁義之道來對治戰國亂世，而荀子則是認為人性本惡，所以主張化性起偽，如何化性起偽呢？要靠「尊君隆禮」，以外在的力量來改變人人所具有的惡性，……等。

以是言之，夫古之讓天子者，是去監門之養而離臣虜之勞也，古傳
天下而不足多也。今之縣令，一日身死，子孫累世絜駕，故人重之；
是以人之於讓也，輕辭古之天子，難去今之縣令者，薄厚之實異也。」
（《韓非子·五蠹篇》）

韓非上述這段話的涵義是認為：「人的道德品質受人的物質生活的影響而為其所
決定〔註5〕。」因此，韓非根據對當前所處之時代的觀察，他認為處在這戰國
戰禍頻繁、道德禮教淪喪、宗法制度解體與封建制度崩潰的時代之中，人為了
生存，必有其自為之心、自利之情，以求取生存，以應付現實客觀環境的不足。
因此，韓非對於人性的考察內容是與孟子所言的「人之異於禽獸者幾希」為人
獨有之「希」，或與荀子從人之超越水火、草木、禽獸之「有義」、「有辨」、「能
辟」之「異」而論人性不同，這種「希」與「異」，即是人異於禽獸即「人之本
質」的人性〔註6〕。韓非考察人性的範圍則是由人的客觀面展開研究，由人之
所以為人的「現象」去著手，而不是由「本質」的方向去探討，所謂的「人之
所以為人的現象」，也就是說由觀察人的外在行為模式的觀察作起點，以此觀察
的心得、結果來推測人的內在主觀思考特徵。這與所謂的人之所以為人的「本
質」的探討角度不同。所謂人之所以為人的「本質」的探討，則是由人的主體
性開始思考，藉由對人主體性思考的反省，找尋在外在行為中，人之所以為人
的「普遍性」行為。因此，韓非在考察人性觀之範圍是以人的外在客觀面為考
察範圍，而其考察方法，則是以「參驗法」與「歸納法」為主，主要是先以對
人在外在客觀環境的所做所為作一觀察，由外在客觀面的觀察結果來判斷其人
性特質，最後再歸納出其人性觀，因此，筆者認為韓非子對於其「利」觀念理
論基礎的預設，有一根本前提，就是「完全由現實客觀面的問題來討論」，「利」
觀念中所有的理論基礎，也是建立在這一個根本預設上。

## 二、考察的內容與結果

韓非先預設一個問題來作考察，就是「主體性的『真』存在與否〔註7〕」

---

〔註5〕同前揭書《中國哲學史新編二》，馮友蘭著，頁451。
〔註6〕李增著，《先秦法家哲學思想：先秦法家法理、政治、哲學》，（臺北市，編譯
館印行，民國90年，初版），頁172。
〔註7〕所謂主體的「真」是指每個思考的主體，其對於自身行為之做與不做的標準，
是否可能完全出乎於人之本質性的要求，也就是道德判斷的動機，而非著眼
於目的性或功利性的考量。

的問題，所謂「主體性的『眞』」就是人主體內在思考的理性機制是否純然出乎於「動機」，而不是「目的」，譬如說，張三看到張小姐跌倒了，張三如果是出於自己眞誠助人的仁心，則張三會毫不猶豫的向前去扶張小姐起來，但如果張三是出乎於「目的」的思考，則張三可能會先思考張小姐與我是否有利害關係，張小姐長的好不好看或能不能藉此認識她……等，諸如此類的「目的性」思考，也許最後張三還是會扶起張小姐，但張三的思考理性機制，已失去了「主體性的眞」，因爲張三所作的並不是出於內在主體純然的動機，而是因爲「目的性」的考量，因爲可能張三覺得李小姐長得很漂亮想認識她，或是旁人都看到此事，張三基於道德的壓力不得不爲，因此，韓非人性觀考察的內容是先由這一個問題的預設而展開的。

韓非的考察內容是由人與人之間的聯繫關係，來探討「主體性的『眞』存在與否」的問題，韓非考察了父母、君臣、夫妻、兄弟、主雇、職業與顧客……等種種人與人之間的聯繫關係，做了以下的論述：

1、父母對於子女主體性之眞的可能性：

> 「且父母之於子也，產男則相賀，產女則殺之。此俱出父母之懷衽，然男子受賀，女子殺之者，慮其後便、計之長利也。故父母之於子也，猶用計算之心以相待也，而況無父子之澤乎！」（《韓非子・六反篇》）

2、君臣之間主體性之眞的可能性：

> 「且臣盡死力以與君市，君垂爵祿以與臣市，君臣之際，非父子之親也，計數之所出也。」（《韓非子・難一篇》）

> 「故君臣異心。君以計畜臣，臣以計事君，君臣之交，計也。害身而利國，臣弗爲也；富國而利臣，君不行也。臣之情，害身無利；君之情，害國無親。君臣也者，以計合者也。」（《韓非子・飾邪篇》）

3、夫妻之間主體性之眞的可能性：

> 「夫妻者，非有骨肉之恩也，愛則親，不愛則疏。語曰：『其母好者其子抱。』然則其爲之反也，其母惡者其子釋。丈夫年五十而好色未解也，婦人年三十而美色衰矣。以衰美之婦人事好色之丈夫，則身死見疏賤，而子疑不爲後，此后妃、夫人之所以冀其君之死者也。」（《韓非子・備內篇》）

> 「鄭君已立太子矣，而有所愛美女欲以其子爲後，夫人恐，因用毒

藥賊君殺之。」（《韓非子‧內儲說下篇》）

4、兄弟之間主體性之「眞」的可能性：

「故饑歲之春，幼弟不饢；穰歲之秋，疏客必食；非疏骨肉愛過客
也，多少之實異也。」（《韓非子‧五蠹篇》）

「桓公，五伯之上也，爭國而殺其兄，其利大也。」（《韓非子‧難
四篇》）

5、主雇關係主體性之「眞」的可能性：

「夫賣庸而播耕者，主人費家而美食、調布而求易錢者，非愛庸客
也，曰：如是，耕者且深耨者熟耘也。庸客致力而疾耘耕者，盡巧
而正畦陌畦畤者，非愛主人也，曰：如是羹且美錢布且易云也。此
其養功力，有父子之澤矣，而心調於用者，皆挾自爲心也。」（《韓
非子‧外儲說左上篇》）

6、職業與顧客間主體性之「眞」的可能性：

「醫善吮人之傷，含人之血，非骨肉之親也，利所加也。故輿人成
輿則欲人之富貴，匠人成棺則欲人之夭死也，非輿人仁而匠人賊
也，人不貴則輿不售，人不死則棺不買，情非憎人也，利在人之死
也。」（《韓非子‧備內篇》）

韓非在上述人與人之間的聯繫關係作了一番考察後，可以發現世人待人接
物、送往迎來的原則，仍是以「利」作爲衡量一切的標準。故對於「主體性
的『眞』存在與否」的這個問題，歸納出了一個結論，就是主體性之「眞」
並不是人與人聯繫關係最根本與最深層的關鍵所在，「利」才是人性中生存與
聯繫的根本所在。因爲人在其所處的客觀環境中，所面對到的問題、事務、
人際關係……等，都是出於「目的性」的考量，因此，才會有上述例子中，「產
男則相賀，產女則殺之」、「醫善吮人之傷，含人之血，非骨肉之親也，利所
加也。」……等例子，從前述父子自利、夫婦自利、君臣自利、世人自利……
等種種事實陳述中，可以確信在韓非以現實經驗考察的方式認定之下，人是
非常重視自身利益的。重視自身利益有其前提，便是權衡利害，因利害有輕
重之異，須視其輕重以決定其當取與否。這就是所謂「目的性」的考量，謝
雲飛先生爲此提出解釋，認爲說：

「設有利，且爲大利，然趨之或有危險以傷吾生者，若其危險雖有
而不必，則亦冒其險以趨之矣。設利重而害輕，則雖庸人亦承受其

> 小害以謀其巨利矣；設利輕而害重，則雖窮途之人，亦需慎重以計
> 議其可取與否也〔註8〕。」

由上述可知，人願意冒死以求大利的原因，是因為不必然會死，如果運氣好
而不死，則可獲得想要的大利，而獲利無窮。其例如下：

> 「荊南之地、麗水之中生金，人多竊采金，采金之禁，得而輒辜磔
> 於市，甚眾，壅離其水也，而人竊金不止。夫罪莫重辜磔於市，猶
> 不止者，不必得也。故今有於此，曰：『予汝天下而殺汝身』，庸人
> 不為也。夫有天下，大利也，猶不為者，知必死。故不必得也，則
> 雖辜磔，竊金不止；知必死，則天下不為也。」（《韓非子・內儲說
> 上篇》）

上述的例子，就是在說明人人所具有的一顆算計利害之心，假如承受些微的
罪刑而可得到巨大的利益，那麼人必忍其痛，在這「利重害輕」的情況下，
那麼人必忍其痛、苦其心志、奮不顧身以為之，就算是死罪，但不一定被抓
到的話，也必然為之；但如果是必須承受非死不可的大罪才能獲得利益，或
是活受罪而得不到利益，在這「利輕害重」的情況下，就算是最愚蠢的庸人
亦不為之也。因此，針對於「利害之心」的普遍性存在於人人心中，於是韓
非歸納出其人性觀的結論，認為人性是「好利惡害」的，也就是一種「利己
的人性觀」。如韓非在觀察人的外在客觀面後，曾有：

> 「好利惡害，夫人之所有也。…… 喜利畏罪，人莫不然。」（《韓非
> 子・難三篇》）
> 「夫安利者就之，危害者去之，此人之情也。」（《韓非子・姦劫弒
> 臣》）
> 「夫民之性，惡勞而樂佚，佚則荒，荒則不治，不治則亂而賞刑不
> 行於天下者必塞。」（《韓非子・心度篇》）

……等，種種人性具有「好利惡害」、「好佚惡勞」之情性的論述。因此，韓
非會認為「公私相背也」（《韓非子・五蠹篇》），因為人人皆好其自為之私利，
在公利與私利有衝突時，人們在其自為心的趨使下，必然會以自身的私利為
首要考量，所以會造成公私異利的問題，而韓非對人性觀觀察的結論就是人
人皆有其自為之心，也就是一種利己的人性觀，韓非相信「利」是唯一可能
有的價值，「利」也主宰一切，不再有情愛的奉獻，道德的自覺，與價值的

---

〔註8〕 同前揭書《韓非子析論》，謝雲飛著，頁 157-8。

尋求〔註9〕，因此，單靠人的主體性來要求人的行爲是不可靠的，因爲人人皆有其自顧之利，但自顧之質初無善惡區別，只有在個體生命通向群眾，與社會相連時，如何導引、處置此自顧本能，以應世待人，才產生善惡的價值分判〔註10〕，在此韓非認爲人人皆有其自利之情，但「利」本身無所謂善惡，是一中性名詞，只有當個體私利通向公利時，才會有對錯善惡之別，所以必須建立一個客觀的價值系統，使人人皆有其所遵循的對象，同時爲政者也應正視此一事實，並轉而把握「利」並設「利害之道」，作爲其治道的起點。

## 第二節　社會的交換論

在韓非「利」觀念的理論基礎中，「利己人性觀」算是其理論基礎的本體論，以此爲起點，延伸出其它層面的理論，而「社會交換論」正是針對人性自利的情況以及人與人間的聯繫關係所提出的理論。本節將從「社會交換論」的觀點，檢視韓非「利」觀念的理論基礎。

### 一、社會交換論的主旨

「社會交換論」〔註11〕是西方社會哲學的產物，其理論的核心，在強調一個交往的過程，其交往的過程爲：「一種至少是在兩個人之間的交換行動，無論這種活動是有形的或無形的，是多少有報酬的或有代價的。」〔註12〕社會交換的概念一旦使我們對它敏感起來，我們就到處都能看到它的存在，不僅是在市場關係中，甚至（如我們看到的那樣）在愛情中，以及在這些親密

---

〔註9〕　同前揭書《韓非子的哲學》，王邦雄著，頁110。

〔註10〕蕭振邦著，〈韓非哲學的人性觀探論〉，此文章收錄於《鵝湖學誌》，民國77年3月，頁34。

〔註11〕「社會交換論」其理論的基本假設爲：人們從事任何活動係因其欲由活動中獲得報酬因而付出某種代價。即是在人性自利的前提下，將人與人之間的互動視爲一種計算得失的理性行爲。認爲人類都是尋求報酬的有機體，無時無刻不在設法增加報酬，並同時減少懲罰。簡言之，社會交換論強調個人行爲常會隨著報酬及懲罰的多寡而改變，但社會交換論並不同於商品交換，因爲商品交換純粹是金錢價格的買賣，目的是市場交換，社會交換的利益並沒有明確的規範，同時交換的目的是在求取整體社會的進步，商品的交換的目的則是滿足商品的供需原理。

〔註12〕霍曼斯（Homans），〈作爲交換的社會行爲〉（Social Behavior as Exchange），此文載於《美國社會科學雜誌》，1958年第63期，頁597-606。

性形式出現的極端之間的多種社會關係中，如鄰居們交換恩惠、兒童們交換玩具、同事們交換幫助、熟人們交換禮貌、政治家們交換讓步、討論者們的交換觀點、家庭主婦們交換烹飪訣竅〔註 13〕。韓非「利」觀念基本上是十分零散的，但「利」字卻大量的出現於《韓非子》中，筆者希望由「社會交換論」的概念引用，能更系統化與更有組織的還原其「利」觀念的理論基礎。社會交換論基本上建構在人的自利、自爲性上，因爲人人皆有其自利自爲之心，所以韓非提出了類似「社會交換論」的概念，因爲人既有「利己」之性，則凡事必皆爲自我算計者，設能利用此一「自爲」之概念，則發展國家經濟非難事〔註 14〕，因此，韓非希望利用社會交換論的機制模式來對治「利己人性觀」的問題，以求公利與私利合諧的共存。

## 二、社會交換論的應用與內涵

在《韓非子》多次提及了類似於社會交換的概念，如：

> 「夫賣庸而播耕者，主人費家而美食、調布而求易錢者，非愛庸客也，曰：如是，耕者且深耨者熟耘也。庸客致力而疾耘耕者，盡巧而正畦陌畦畤者，非愛主人也，曰：如是羹且美錢布且易云也。此其養功力，有父子之澤矣，而心調於用者，皆挾自爲心也。」（《韓非子·外儲說左上篇》）

雇主與庸人間就是一種社會交換的觀念，因爲顧主與傭客皆能從中互謀其利，又如：

> 「故君臣異心。君以計畜臣，臣以計事君，君臣之交，計也。害身而利國，臣弗爲也；富國而利臣，君不行也。臣之情，害身無利；君之情，害國無親。君臣也者，以計合者也。」（《韓非子·飾邪篇》）

君臣間也是一種社會交換，由此交換中，君臣都得到滿足，得此自利之滿足，君臣才可由此社會交換中，正視到自己應爲其國家社會所盡的責任，應爲若不盡其責，則無利可圖，此外，在君主與人民之間，也是一種社會交換的模式，如在〈五蠹篇〉中有言：

> 「故明主用其力，不聽其言；賞其功，必禁無用；故民盡死力以從

〔註 13〕 勞布（Peter M. Blau）著，孫非譯，《社會生活中的交換與權力》，（臺北，桂冠出版社，民國 87 年 2 月），頁 109-110。

〔註 14〕 同前揭書《韓非子析論》，謝雲飛著，頁 124。

> 其上。夫耕之用力也勞，而民爲之者，曰：可得以富也。戰之爲事
> 也危，而民爲之者，曰：可得以貴也。」（《韓非子・五蠹篇》）
> 「功當其事，事當其言，則賞；功不當其事，事不當其言，則罰。」
> （《韓非子・二柄篇》）

韓非認爲君主賞罰的標準，在於人民對於其國家有無貢獻，有其功則賞；有其過則罰，如此則國家與人民之間則透過了「法」形成了社會交換論的模式，企求由社會交換中，使私利能夠適當的與公利合諧共存，故《韓非子》曾說道：

> 「則聖人之治國也，固有使人不得不愛我之道，而不恃人之以愛爲
> 我也。」（《韓非子・姦劫弒臣篇》）
> 「殺戮之謂刑，慶賞之謂德。爲人臣者畏誅罰而利慶賞，故人主自
> 用其刑德，則群臣畏其威而歸其利矣。」（《韓非子・二柄篇》）

韓非認爲最理想君主的治國方法，必須依靠一套機制或制度，使人有其不得不愛我之認知，此套不得不愛我之道，便是透過「法」來明賞罰，而在賞罰確立之後，在人性自爲皆喜歡追求「利重害輕」之情況前提下，人們自然會投入從事於有利於國家的活動，以求得獲取俸祿或官爵，因此百姓之私利與君國之公利都將會在此社會交換的機制中得到了滿足，同時促進整體社會的進步。

## 三、社會交換論的原則

　　韓非所採取的社會交換原則有二，就是「互利」與「公正」。第一個原則「互利」，能讓交換的雙方皆得其利。如君臣的社會交換是臣爲君謀事賣命，則君得其天下的安定，因此君授與臣官爵，授與官爵雖然是人臣的私利，但官爵也是一種責任、砥礪與君主對臣子信任的表現。因此，君臣二者皆由其交換中得到其所欲追求的利益，如此類推，若一國之人皆能按其職份、責任才能進行社會交換，雖然可能對於個人只是私利的獲得，但在這社會交換中，私利與公利的衝突都在社會交換中所化解與調合，因此，無形中幫助了國家社會內部的穩定，同時在經濟、國防上的富強。第二個原則「公正」，主要目的是維護與保持其社會交換機制的公平，因爲人人皆有其利己的自爲心，所以在進行社會交換的過程中，可能會發生某一方利用其投機之心，使其社會交換的過程失去了公正性，如《韓非子》曰：

> 「臣閉其主曰壅，臣制財利曰壅，臣擅行令曰壅，臣得行義曰壅，

> 臣得樹人曰壅。臣閉其主則主失位，臣制財利則主失德，臣擅行令則主失制，臣得行義則主失明，臣得樹人則主失黨。此人主之所以獨擅也，非人臣之所以得操也。」（《韓非子‧主道篇》）

上述的五種情況，就是君臣間的社會交換已失其公正性，明顯地，臣子在上述的五種情況中，得到利益已超出自己的職份，同時也沒有盡到人臣在社會交換中的責任，《韓非子》曾說：「凡治天下，必因人情，人情者，有好惡，故賞罰可用。」（《韓非子‧八經篇》），因爲人有好惡，所以欲求治天下，需有一個公平的社會交換機制，所以可以用賞罰，而賞罰出於法，因爲法具有其統一性、標準性、客觀性，能夠使賞罰出於公正客觀的角度，而法就是維護社會交換機制的監督者。有致力於你所應盡的社會交換責任就應得其賞，有違反你應當盡的社會交換責任則罰，所爲的目的是求群體公利的實現。此「社會交換」論爲韓非「利」觀念的方法層面的理論基礎，希望藉由此交換機制對治利己的人性，以求天下之治，與群體公利之實現。今試繪一簡圖以明示之：

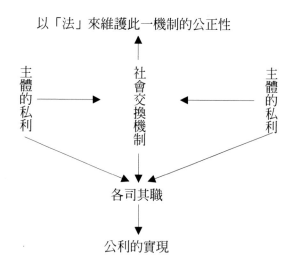

「社會交換論」是韓非「利」觀念，在方法上的基礎，希望藉由社會交換的機制，讓主體的私利與私利間，以及私利與公利間有其交換互利的機會，並且由交換互利中，激發主體應爲的責任感與感激之情，並靠「法」來維護社會交換機制的「互利」與「公正」的原則，以達到私利與公利間的合諧共存，以促進群體公利的實現。

# 第三節 「利」的條件說

此「利」的條件說，是韓非對人所追求之利與利在使用上適當性的條件說。在《韓非子》明確的劃分出兩種利的概念，就是「公利」與「私利」，但韓非認識到「利」字本身是一中性名詞，本身無所謂好壞善惡，在「利」字加上形容詞，則略顯出其善惡之意義。例如就以《韓非子》對「利」的用法而言，在「利」字加上「公」或「私」，則成「公利」、「私利」的價值判斷，而且傾向於認定公利是善的，私利是惡的〔註15〕。然而筆者認為「私利」在韓非的觀念中，並不一定意謂著惡，只是「私利」容易違反韓非對「利」所預設的條件，這與其所推崇的「利」之條件，是有所違背的，韓非所預設之「利」的條件，大致可歸納為兩個方向：第一是在大前提上的要求，也就所有的「利」在形式上都應符合此一條件，分別是在取得上的合法性、使用上的正義性、對於「利」自身的謙卑性。其次，是對於「利」實質上的要求，也就是對於「利」的實用性的要求。以下筆者將分別歸納出韓非「利」的條件說，分四點陳述如下：

## 一、對於「利」在形式上的要求

（一）對於「利」取得的「合法性」：韓非並不只重公利輕私利，也不是只允許公利的存在，重點是不管「公利」或「私利」，先要符合某些必要條件，也就是對「利」的條件的限制。第一個重點是要在「利」的取得上，即在追求利的過程與方法上，具有「合法性」。如《韓非子》中說道：「竊以為立法術，設度數，所以利民萌便眾庶之道也。」（《韓非子‧問田篇》）韓非認為就算是「公利」也要合乎法度，因為法之基礎在於在於維護社會正義。有一客觀標準來維護社會秩序與公義，標準既定，則凡事以此準則參驗，合則賞，不合則罰，故曰：「無功而受事，無爵而顯榮，為有政如此，則國必亂，主必危矣。」（《韓非子‧五蠹篇》）所以不論是「私利」或「公利」都要先合乎一個原則，就是利益取得的合法性，如《韓非子‧孤憤篇》說道：

> 「重人也者，無令而擅為，虧法以利私，耗國以便家，力能得其君，此所為重人也。」（《韓非子‧孤憤篇》）

又如《韓非子‧六反篇》中所說的

---

〔註15〕同前揭書《先秦法家哲學思想：先秦法家法理、政治、哲學》，李增著，頁175。

> 「布衣循私利而譽之,世主聽虛聲而禮之,禮之所在,利必加焉,。
> 百姓循私害而訾之,世主壅於俗而賤之,賤之所在,害必加焉。故
> 名賞在乎私惡當罪之民,而毀害在乎公善宜賞之士,索國之富強,
> 不可得也。」(《韓非子·六反篇》)

上述的情況,就是取得之「利」是不合乎法的,因爲世俗的標準以「禮」爲利,但禮與法本質上是對立的,因爲若沒有法,只有禮,則「利」會失去其公利性與正義性,因爲破壞法律或不合乎法律而獲得的「利」益,都是「不正義之利」,都是爲純粹爲己的小利、短利。同時,法的目的不同於禮,禮是講上下尊貴之「別」,是不能在所謂一個標準之下來「齊」的,然而法卻不然,「法」是要講一個標準的,所謂「范天下之不一,而歸之于一」(《說文解字》)。所以,禮在於「別」,而法在於「齊」〔註16〕,能齊一萬民的私利都出乎於一個標準條件上的基礎,如《韓非子·詭使篇》就表達出法所存在的意義:「夫立法令者以廢私也,法令行而私道廢矣。私者所以亂法也。」(《韓非子·六反篇》)而且人性本身有其自爲之利,良心不足以自治,德化不足以防範之,所以需以法治之,其言云:

> 「夫姦必知則備,必誅則止;不知則肆,不誅則行。夫陳輕貨於幽
> 隱,雖曾、史可疑也;懸百金於市,雖大盜不取也。不知則曾、史
> 可疑於幽隱,必知則大盜不取懸金於市。故明主之治國也眾其守、
> 而重其罪,使民以法禁而不以廉止。」(《韓非子·六反篇》)

以法治國,則人民的私利必然以合不合法爲前提,以合不合乎法律爲必要條件。在「利」的基礎下,韓非用「法」的客觀性與普遍性來取代道德行爲上自覺的主觀性與適然性,企圖打破世俗所有的價值判斷及道德規範,而建立他所認爲的價值與規範〔註17〕。而韓非所欲建立的價值與規範就是要靠「法」來實現,「法」的特質就在於「尙公去私」,站在霸王之業的基礎上,君國之「公利」是必然大於人臣之「私利」的,所以韓非以「法」來作爲「利」的前提,韓非認爲合於法的「利」,不一定能保證促進國家的富強,但至少不違背與損害國家社會的公利,同時「法」有其殺雞警猴之效,重賞之下必有勇夫,如此可換來人臣對於其君主之忠;重罰之下,必使人民震驚、畏懼,目

---

〔註16〕 侯外廬著,《中國思想通史》第一卷,(北京,人民出版社出版,1957年3月,初版),頁589。

〔註17〕 蔡淑閔著,〈論忠在《韓非子》一書中的意義〉,此文章收錄於《孔孟月刊》第三十五卷第五期,頁43。

的在殺一儆百，收以刑去刑之效，對國家社會都有其正面的示範效應。

　　（二）對於「利」使用上的「正義性」：所謂的正義，簡單來說，就是「法律的協議和履行，就是正義。」〔註18〕正義與「利」的關係是建立在公利與私利間的問題上，公利與私利基本的意向是相違背的，所以在以公利為前提的預設下，「正義」就是公私利在使用上的裁決者，何者在使用上合乎正義就是一種正義之利。而韓非已注意到「利」的兩個問題，就是「利」有兩個基本方向在人的生活中，一是取得，二是使用，取得就是指在取得利的過程與方法上，如前述所說的，以合乎法律為前提；而使用上的利，則是指在得到利之後，利所使用與應用的對象及其二者間所造成之結果的正義性與公平性的問題，取得與使用二者是時間上的區分，前者是指求利的過程；後者則是得到利後所應用與使用的正義性，例如：軍人努力殺敵首級以求軍功，便是取得利；而臣子以其自身臣子的利益為前提，利用作為臣子的既得利益，如權力與勢力壓榨人民，以獲取更大的私利，此一行為便是違背利在使用上之正義性的原則。韓非認為每一個階層與階級皆有其職份與既得利益，如臣子獻國策給君王，以獲得官爵、醫生替病人看病，以獲得金錢、商人以商品賣於世，以獲得利益、老師教學生念書，以獲得供養……等，種種私利的行為是合乎正義的，因為各自為其職分與利益正義的努力，如《韓非子》中說道：

> 「舉事慎陰陽之和，種樹節四時之適，無早晚之失，寒溫之災，則入多。不以小功妨大務，不以私欲害人事，丈夫盡於耕農，婦人力於織紝，則入多。務於畜養之理，察於土地之宜，六畜遂，五穀殖，則入多。明於權計，審於地形、舟車機械之利，用力少致功大，則入多。利商市關梁之行，能以所有致所無，客商歸之，外貨留之，儉於財用，節於衣食，宮室器械，周於資用，不事玩好，則入多。入多、皆人為也。若天事、風雨時，寒溫適，土地不加大，而有豐年之功，則入多。人事、天功，二物者皆入多，非山林澤谷之利也。」

（《韓非子・難二篇》）

私利的使用上，只要是履行法的，且不以私背公的，就是使用上的正義，如醫生利用其醫術替人看病，以換取適當應得的酬勞；臣子利用其經世之才略，為君主盡其治國之份，以換取適當應得的酬勞……等這些行為，韓非認為只

---

〔註18〕戴華、鄭曉詩著，《正義及其相關問題》，（台北市，中央研究院人文社會科學研究所，民國80年），頁16。

要是不以私背公的行為，便是對於利在使用上的正義性，韓非的觀點是與柏拉圖的理想國有所類似的，柏拉圖認為「全體福祉的國家，是我們最可能找到正義的國家。」〔註19〕利在使用上，「正義」性是建立在整體的意義之上，所以韓非會較反對純粹以私廢公的私利，因為沒有使用上的正義性，如：

「人主說賢能之行，而忘兵弱地荒之禍，則私行立而公利滅矣。」
（《韓非子‧五蠹篇》）

「國平養儒俠，難至用介士，所利非所用，所用非所利。」（《韓非子‧五蠹篇》）

「為故人行私謂之不棄，以公財分施謂之仁人，輕祿重身謂之君子，枉法曲親謂之有行，棄官寵交謂之有俠，離世遁上謂之高傲，交爭逆令謂之剛材，行惠取眾謂之得民。不棄者吏有姦也，仁人者公財損也，君子者民難使也，有行者法制毀也，有俠者官職曠也，高傲者民不事也，剛材者令不行也，得民者君上孤也。此八者匹夫之私譽，人主之大敗也。反此八者，匹夫之私毀，人主之公利也。人主不察社稷之利害，而用匹夫之私譽，索國之無危亂，不可得矣。」
（《韓非子‧八說篇》）

在《韓非子》〈八說〉、〈六反〉、〈五蠹〉、〈八姦〉四篇，都是在描寫「利」使用上不正義的人，所以「所利非所用、所用非所利」（《韓非子‧五蠹篇》），以致造成了以私壞公，造成每一階層皆未各司其職，能盡份的「各司其職」，各人各盡自己的本份，各人守自己的分位，以求有條件的利，就是正義的表現，但〈八說〉、〈六反〉、〈五蠹〉、〈八姦〉四篇中所例舉的例子，如：儒生、遊說者、遊俠、商人、貴生之士、文學之士、有能之士、辯智之士……等，都是例舉因只顧私利，而遺忘其既得之利對於整體社會職分與「正義性」的例子，以致其所使用的利與其所使用的對象所造成的後果，是對於國家社會無所幫助，甚至有所損害的，所以「利」使用的「正義性」，應算是韓非「利」觀念中的第二個必要條件，利在取得與使用上都應該合乎其合法性與正義性。

（三）對於既得「利」自身的謙卑性：對於自身既得「利益」的謙卑性，是「利」條件說中，由著眼於對個人的要求以達整體社會國家的示範效應，為何要有其謙卑性呢？因為著眼於「整體」的觀點，也就是一種示範作用，謙是不炫耀；卑是後其身而不爭，韓非非常反對因得其既得之「利」，而驕傲

---

〔註19〕同前揭書《正義及其相關問題》，戴華、鄭曉詩著，頁16。

自重之士，以此迷惑世人之價值觀，進而以此獲取私利，這對於社會整體來說是非常不佳的示範作用，如在〈六反篇〉中說道：

> 「畏死難，降北之民也，而世尊之曰貴生之士；學道立方，離法之民也，而世尊之曰文學之士，遊居厚養，牟食之民也，而世尊之曰有能之士；語曲牟知，偽詐之民也，而世尊之曰辯智之士；行劍攻殺，暴憿之民也，而世尊之曰磏勇之士；活賊匿姦，當死之民也，而世尊之曰任譽之士；此六民者，世之所譽也。」（《韓非子‧六反篇》）

此六者為何能受世人尊貴？貴生、文學、有能、磏勇、任譽在本質上是好的，但既然因得其「利」而驕傲自重，為自我塑造其賢人形象，讓世人譽之，以謀其利，故曰：「此六民者，世之所譽也。」這就失去其本質的意義，若如此，則人人皆欲得其「利」而驕，所以在《韓非子》說道：「而悼㦜純信，用心怯言，則謂之『窶』」（《韓非子‧詭使篇》）這段話就是在感嘆謙卑性的不復存在，因為敦厚謹慎之人，卻被世人視為鄙陋。韓非所要追求的「利」是有其普遍性存在之利，普遍性的利是指朝向於共同的客觀標準與目的之利，而如何落實這普遍性的利，就是靠「法」的賞罰來落實，而其特殊性的利，如〈六反篇〉中所說的特殊性之利，皆是透過某種不正當特殊手段、方法，以求取特殊的地位，所朝向的目標是沒有一個共同客觀標準的，因為其目標都放在其自身之私利，並以自身既得之利來壓榨其他對象，以求獲得更大的利益，如此則造成在社會與國家中特殊性的地位，利因此造成其驕縱之姿，故〈六反篇〉中說道：

> 「此之謂六反。布衣循私利而譽之，世主聽虛聲而禮之，禮之所在，利必加焉。百姓循私害而誽之，世主壅於俗而賤之，賤之所在，害必加焉。故名賞在乎私惡當罪之民，而毀害在乎公善宜賞之士，索國之富強，不可得也。」（《韓非子‧六反篇》）

對於既得利者的「禮」就是使其驕縱的催化劑，因為禮讓既得利者更名正言順的依其欲望行事，而取得特殊性的地位與利益，造成其驕縱與不遵循其法治系統的普遍性之利，如此將對社會國家產生錯誤的示範作用，則社會交換的體制將會被破壞，因為整體社會交換機制的互利性與公平性將會失去。禮的本質在有所別，如此則會有其貴賤之分，貴者越貴，因禮之別而貴，且因為禮之別而加重了那些既得利者驕縱之氣，如此對於國家社會是非常不好的

示範作用。在韓非「利」觀念中，既得利者應該是要有其謙卑性的，最明顯的例子，是在〈外儲說左下篇〉、〈亡徵篇〉中，有言道：

> 「季孫好士，終身莊，居處衣服，常如朝廷，而季孫適懈，有過失，而不能長爲也，故客以爲厭易己，相與怨之，遂殺季孫。故君子去泰去甚。」（《韓非子・外儲說左下篇》）

> 「好宮室臺榭陂池，事車服器玩好，罷露百姓，煎靡貨財者，可亡也。……饕貪而無饜，近利而好得者，可亡也。……」（《韓非子・亡徵篇》）

人君大權在握、貴爲一國之主，少有外界的強制力干預其行爲，因此極易逞其慾望而行，但凡事太過於極端，均亦招致災禍〔註20〕，所以君主還是不該驕縱自大，失其謙卑性，最好的態度是去甚去泰，不要過份的貪求、不要過份的奢侈，應該盡其力，保持虛靜，毋聽言、毋聽毀譽、毋移柄，以保持對其職份的謙卑性，能有所謙卑自然會盡其職份，同時會適當的節制其欲望，以防止對「利」不合法度的追求與不正義的使用，以上三點就是對於「利」在形式上的要求，在韓非的「利」觀念中，所有的「利」在大前提都應該與前述的三點不相違背與衝突。

## 二、對於「利」在實質上的要求

（一）利的實用性：前述的三點是在韓非的「利」觀念中，對於「利」在形式上的要求，形式上不違背，再來談在實上所欲追求之「利」。韓非所處的時代，是戰國將近結束，而帝國將近完成的一個時代。在此時代列國競爭非常激烈。一個國家的強弱，與其安危存亡的關係也非常密切與明顯。這正是韓非所謂的「急世」，史家所謂「戰國」的末期〔註21〕。面對「急世」韓非主張採用非常的手段，所以〈五蠹篇〉中說道：

> 「夫古今異俗，新故異備，如欲以寬緩之政、治急世之民，猶無轡策而御駻馬，此不知之患也。」（《韓非子・五蠹篇》）

因爲古今情況的不同，所以處理問題必須針對現實的需要，去謀求解決之策。而當前韓國的現實問題，就是在國貧兵弱的情況下，如何在競爭激烈的戰國

---

〔註20〕曾國秘，〈《韓非子》的治國思想〉，中正大學碩士論文，頁89。
〔註21〕陳啓天著，《中國政治哲學概論》，（台北，華國出版社，民國40年6月，初版），頁289。

時代中生存下來。所以韓非以爲唯有先求富國強兵的實現，才能讓韓國在競爭激烈的戰國時代中生存下來，而富國強兵的實現途徑爲經濟上的農耕與軍事上的重兵重戰，及政治上的主權在君。所以，韓非認爲人民、臣子、君主所追求的「利」，都必需不違逆於富國強兵的原則，韓非以利的實用性作爲賞罰的依據，有利於富國強兵的原則，爲實用之利，則賞之；有害於富國強兵的原則，爲個人之私利，對於國家爲無實用之利，則罰之。谷方先生在《韓非與中國文化》一書中，對於利的實用性有不同角度的理解：

> 「重質輕文就是重內容輕形式，重實用而輕美的裝飾，重功利價值
> 而輕形美的價值〔註22〕。」

重質輕文就是對於利實用性要求的詮釋，所重的「質」是耕與戰，因爲實用於國家與有其功利價值，所輕的「文」就像在〈五蠹篇〉中，韓非所指出的舉凡言談、學行、帶劍之士等，皆不能產生富國強兵的效果，因爲他們的行爲，對於國家社會是沒有任何助益的，故只是美的裝飾與形美的價值，無實用與功利之效用。所以在《韓非子·五蠹篇》中，分別對於言談、學行、帶劍之士提出了批評：

> 「今境内之民皆言治，藏商、管之法者家有之，而國愈貧，言耕者
> 衆，執耒者寡也；境内皆言兵，藏孫、吳之書者家有之，而兵愈弱，
> 言戰者多，被甲者少也。」（《韓非子·五蠹篇》）

> 「是故亂國之俗，其學者則稱先王之道，以籍仁義，盛容服而飾辯
> 說，以疑當世之法而貳人主之心。」（《韓非子·五蠹篇》）

> 「其帶劍者，聚徒屬，立節操，以顯其名而犯五官之禁。」（《韓非
> 子·五蠹篇》）

韓非認爲利既無其實用性，則其利則無價值所在，而實用性認定之標準在耕戰與君權的鞏固，其目的是要達成其富國強兵的理想。耕戰的目的分別是要富國與強兵，企求透過耕戰來增加農業的生產以求富國與加強軍事的力量以求強兵，企求透過耕戰來加強國家的經濟力量與軍事力量，故《韓非子》言：

> 「富國以農」（《韓非子·五蠹篇》）

> 「倉廩之所以實者耕農之本務也」（《韓非子·詭使篇》）

> 「今上急耕田墾草以厚民產也」（《韓非子·顯學篇》）

---

〔註22〕 谷方著，《韓非與中國文化》，（貴州省，貴州人民出版社，1996 年 1 月，初版），頁 323。

「拒敵恃卒」(《韓非子・五蠹篇》)

「能趣力於強敵者強」(《韓非子・心度篇》)

「名之所以成,地之所以廣,戰士也。」(《韓非子・詭使篇》)

「戰士怠於行陣者,則兵弱也。」(《韓非子・外儲說左上篇》)

上述都是在《韓非子》所提及重耕戰的觀點,認爲重耕,方能增加農作物的生產,解決民以食爲天之首要問題,進而使國家富足;重兵重戰,才可使民習於戰鬥,合乎力爭時代的需要以使國家強盛。而君主則是推動此耕戰政策的核心,所以在政治上必須主權在君,由君主掌握絕對的權力,運用各種方法駕御百官,推動耕戰政策,使人民行動一軌於法,而達成富國強兵的目標〔註23〕。韓非並主張君主控制大部份或所有的利源,以有效控制臣下〔註24〕,使其達成對於在下位者利的實用性的要求。如《韓非子》言:

「利出一空者,其國無敵;利出二空者,其兵半用;利出十空者民不守。」(《韓非子・飭令篇》)

而韓非對於君主之利的實用性的要求,便是透過法、術、勢,充份發揮治國之效,以達富國強兵的理想。故韓非對於「利」在實質上的要求是建立在對於富國強兵的實用意義上,企求對於「利的實用性」的預設與追求,以達到富國強兵之速效。

故韓非對於「利」的預設與限制,是建立在兩個大方向上,分別是形式上的要求與實質的要求,形式上的要求是對於「利」所預設的大前提,前提成立了再來談實質的要求,當形式與實質的要求都契合了,便是達成了韓非在其「利」觀念中,所預設理想的「利」。

由上述可知,韓非「利」觀念的三大理論基礎,分別是建構在對於「人」、「解決的方法」與「利」三個層面上,試圖先由對人性考察的結果來正視「利」的問題,並以「社會交換」的過程讓公利與私利間達到滿足,最後並對於理想的「利」作出一預設與限制,以此爲目標,企求透過適當的社會交換機制來達成利的條件說與對治利己人性觀的問題。

---

〔註23〕 孫順智著,〈韓非的實利主義〉,此文章收錄於《長榮學報》第六卷第一期,頁142。

〔註24〕 羅獨修著,《先秦勢治思想探微》,(台北,中國文化大學出版部,民國91年,初版),頁114。

# 第六章　《韓非子》「利」觀念的解析與理論陳述

　　在明白韓非子「利」觀念的種種基源問題與理論基礎後，本章將探討其「利」觀念理論核心所在——「內容之特色與理論進程」〔註1〕，並以前章所述的三個理論基礎（利己人性觀、社會交換論、利的條件說）來展開論述與解析，最後藉由演繹法推論其「利」觀念的最終目的與內涵所在。

## 第一節　「私利」乃普遍存在的問題

　　唐君毅先生在《中國哲學原論原道篇》中說道：「韓非子之言雖要在論政，然其論政，乃本於其對人生文化社會政治，有一基本之看法與態度〔註2〕。」唐君毅先生這段話的意思，可由幾個關鍵字來分析其涵義，「乃本於其對人生文化社會政治」這段話的意思，主要是說明韓非「有一基本之看法與態度」，此一「基本看法與態度」，是由其個人對人生、文化、社會、政治的考察結果，並以此考察結果來歸納出其基本看法與態度，再進而將此基本看法與態度帶入人生文化社會政治中，而謀求在政治上斷世間「或然之疑」，而立「必然之

---

〔註1〕　韓非雖未把「利」觀念作一個完整系統化與組織化的整理，但在《韓非子》書中大量出現了許多「利」字，並提出了許多「利」的問題與對於「利」的觀念。筆者將針對其繁多的「利」觀念統整其理論特色，並將對其理論特色作一有系統與次序的理論進程，試圖藉由對其「理論特色與理論進程」的理解與組織，還原韓非「利」觀念的核心所在。

〔註2〕　唐君毅著，《唐君毅全集——中國哲學原論導論篇》，（台北，學生書局，1977，二版），頁506。

信」〔註3〕。以下圖示之：

　　韓非的基本看法與態度 ──→「利」的問題（韓非自我的預設）
　　　　　　考察是否屬實 ↓

　　考察結果：對人生的考察 ──→ 人皆好利，然逐利方式不同〔註4〕：如
「鱣似蛇，蠶似蠋，人見蛇則驚駭，見蠋則毛起。漁者持鱣，婦人拾蠶，利
之所在，皆爲賁、諸。」（《韓非子·說林下篇》）人往往因爲其自爲心所繫之
利，且衡量利害關係後認爲利大於害，故雖「漁者持鱣，婦人拾蠶」（《韓非
子·說林下篇》），但只要是「利之所在，皆爲賁、諸」（《韓非子·說林下篇》），
又如「故桃左春秋曰：『人主之疾死者不能處半。』人主弗知則亂多資，故曰：
利君死者眾則人主危。故王良愛馬，越王勾踐愛人，爲戰與馳。醫善吮人之
傷，含人之血，非骨肉之親也，利所加也。故輿人成輿則欲人之富貴，匠人
成棺則欲人之夭死也，非輿人仁而匠人賊也，人不貴則輿不售，人不死則棺
不買，情非憎人也，利在人之死也。故后妃、夫人、太子之黨成而欲君之死
也，君不死則勢不重，情非憎君也，利在君之死也，故人主不可以不加心於
利己死者。」（《韓非子·備內篇》）由上述的例子可知，韓非對於現實人生考
察的結果是，凡人皆好利者，因爲醫生以其爲利之故，至於吮人瘡口，含人
濃血；輿人冀人多富貴以售其輿；匠人冀人夭死比買其棺……等，因此韓非
認爲人人皆有其普遍存在的私利欲求，但因各自所欲逐利的目標不同，而產
生不同的逐利方式。

　　對文化的考察 ──→「上古競於道德，中世逐於智謀，當今爭于氣力。」
（《韓非子·五蠹篇》）：對於文化的考察，韓非以爲上古多禽獸，其後，社會
逐漸開化，人類知識、欲望與人口皆遞增，則自然物質不敷使用，和平社會
轉成鬥爭之世界。故云：「上古之世，人民少而禽獸眾，人民不勝禽獸蟲蛇，
有聖人作，構木爲巢以避群害，而民悅之，使王天下，……。中古之世，天
下大水，而鯀、禹決瀆。近古之世，桀、紂暴亂，而湯、武征伐。今有構木
鑽燧於夏后氏之世者，必爲鯀、禹笑矣。有決瀆於殷、周之世者，必爲湯、
武笑矣。然則今有美堯、舜、湯、武、禹之道於當今之世者，必爲新聖笑矣。
是以聖人不期脩古，不法常可，論世之事，因爲之備。宋人有耕田者，田中
有株，兔走，觸株折頸而死，因釋其耒而守株，冀復得兔，兔不可復得，而

─────────────────────

〔註3〕同上註，頁511。
〔註4〕同前揭書《韓非子析論》，謝雲飛著，頁144。

身爲宋國笑。今欲以先王之政，治當世之民，皆守株之類也。」（《韓非子·五蠹篇》）韓非對文化的考察主要的目的是針對於今人貴古賤今，貴遠賤近之情，因此以參驗的經驗主義態度對於古今文化作一考察，韓非發現並不是古人道德意識較高；今人道德意識較低，而是「人的道德品質受人的物質生活的影響而爲其所決定」，因此古今之人本皆是好利的，而會有「上古競於道德，中世逐於智謀，當今爭于氣力。」（《韓非子·五蠹篇》）之差異，只是因爲古今之人受其客觀環境之「薄厚之實異也。」

　　對社會的考察 ────▶「所利非所用，所用非所利」：韓非觀察戰國末期的社會發現到，社會中被統治者的價值體系是與統治者不同的，因此會造成「所利非所用，所用非所利」（《韓非子·五蠹篇》）的情況，八姦、五蠹、六反、十過等皆是針對當今社會對於國家君主之逆流的反動勢力、敵對意識與腐蝕意識所作的批判，韓非認爲當今之社會是「今修文學、習言談，則無耕之勞、而有富之實，無戰之危、而有貴之尊，則人孰不爲也？是以百人事智而一人用力，事智者眾則法敗，用力者寡則國貧，此世之所以亂也。」（《韓非子·五蠹篇》），故韓非對於社會的觀察後，認爲社會中若無良好的控制機制，則人人皆會以其私利爲目標，所以才會發生在下位者的世俗毀譽系統與在上位者的賞罰機制相背反的情況。

　　對政治的考察 ────▶「君臣異利」：韓非認爲「且臣盡死力以與君市，君垂爵祿以與臣市，君臣之際，非父子之親也，計數之所出也。」（《韓非子·難一篇》）因爲人皆有其算計之心的存在，所以君臣之間並不靠「忠」來連繫，而是靠「利」來連繫，故曰：「故君臣異心。君以計畜臣，臣以計事君，君臣之交，計也。害身而利國，臣弗爲也；富國而利臣，君不行也。臣之情，害身無利；君之情，害國無親。君臣也者，以計合者也。」（《韓非子·難一篇》）

　　　　　　　　　考察結果確實是「利」的問題，所以更加確立其基本看法與態度，並以此展開其「利」理論。

經由上述的說明，韓非「利」觀念的起點，就是韓非發現到「利」的問題是一個實然的存在，如何妥善的解決將是攸關國家社會整體的治亂與否，而解決「利」問題的第一步，就是必需先積極明確的認知到「私利普遍存在」的

問題，韓非發現到私利存在幾乎是必然的，因人人皆懷著自為之心〔註5〕，但若人人皆以私利為其最終目的，則國家社會之群體公利必無可能實現，所以韓非「利」觀念中，第一個理論內容起點就是「私利普遍存在」的問題。因為私利存在於每個人心中，只靠對人主體性道德仁義的自覺是無法維持國家社會的公利，因此必須要有一套客觀的制度與機制去調節過度的、極端的私利之存在。私利存在的情況對於每個主體的個人大致有三種情況：

一、第一種情況之人：就是不以私利為目的之人（或私利與公利有所衝突時能以公利為優先之人）──▶韓非認為這種人為聖人，聖人必定是在才德上高於眾人之人，故曰：

> 「聖人權其輕重，出其大利。」（《韓非子‧六反篇》）、
> 「聖人之治民，度於本，不從其欲，期於利民而已。」（《韓非子‧心度篇》）
> 「聖人見微以知萌，見端以知末，故見象著而怖，知天下不足也。」（《韓非子‧說林上篇》）
> 「而聖人者，審於是非之實，察於治亂之情也。故其治國也，正明法，陳嚴刑，將以救群生之亂，去天下之禍，使強不陵弱，眾不暴寡，耆老得遂，幼孤得長，邊境不侵，君臣相親，父子相保，而無死亡係虜之患，此亦功之至厚者也。」（《韓非子‧姦劫弒臣篇》）

但是這種不以私利為目的之人，也就是才德俱備的聖人，不僅在數量上少有，且以歷史的觀點來看，這種人可能百世出一，故曰：

> 「仲尼，天下聖人也，修行明道以遊海內，海內說其仁，美其義，而為服役者七十人，蓋貴仁者寡，能義者難也。故以天下之大，而為服役者七十人，而仁義者一人。魯哀公，下主也，南面君國，境內之民莫敢不臣。民者固服於勢，誠易以服人，故仲尼反為臣，而哀公顧為君。仲尼非懷其義，服其勢也。故以義則仲尼不服於哀公，乘勢則哀公臣仲尼。今學者之說人主也，不乘必勝之勢，而務行仁義則可以王，是求人主之必及仲尼，而以世之凡民皆如列徒，此必不得之數也。」（《韓非子‧五蠹篇》）

所以韓非認為此種情況之人，無需關注，因為出現了對國家社會是有利的，

---

〔註5〕 在本論文第五章第一節中，業已詳細說明並論證，人人必有其自為利己之心，請參考本論文頁41-45。

但大部份的人是不屬於這種情況的，所以此種情況之人的出現只能說可遇而不可求，在現實生活中，我們是不能決定與控制的。

　　二、第二種情況之人：此種情況之人，乃是大多數之人與私利存在關係的情況，韓非認為一般大眾都是具有利己之心的存在，這種利己之心的起因就是人人懷著一顆「算計之心」，也就是算計利害關係之心，人人皆有其趨利避害之心，譬如說：我們在找工作時，同時有兩家公司錄取張三，張三會選甲公司還是選乙公司，他的取決必然是以對自我有利的因素來取決，如以兩家公司給的薪資、職位或公司的未來性為考量點，這種算計之心就是一種私利的追求，但私利的存在並非一定是錯誤的，像上述的例子中，張三的追求並沒有妨礙到國家社會的利益，而且張三所追求的私利，反而是有利於國家社會的，因為張三努力找工作的結果是促進了國家社會的繁榮，因為國家又多了一份生產力，雖然可能在動機上，張三並不是這樣想。因此韓非認為私利的存在是不可能消滅，且韓非在其所處戰國末期的社會中，更能深刻的體認與認知到人人皆有其利己之心的問題，故曰：

> 「人無毛羽，不衣則不犯寒。上不屬天，而下不著地，以腸胃為根
> 本，不食則不能活。是以不免於欲利之心。」（《韓非子・解老篇》）

韓非認為此人人皆有的追求私利之心，若沒有一個適當節制機制來控制的話，將私利引導到一個正確的方向，將會導致兩個嚴重的問題，一個是私利與公利是相衝突的，故韓非子言：

> 「私義行則亂，公義行則治，故公私有分。」（《韓非子・飾邪篇》）
> 「古者蒼頡之作書也，自環者謂之私，背私謂之公，公私之相背也，
> 乃蒼頡固以知之矣。」（《韓非子・五蠹篇》）

另一個問題，則是若只有私利存在而沒有公利，則國家社會則會有如墨子所說的「一人一義，二人二義……十人十義。」（《墨子・尚同篇》）如此則國家社會將沒有客觀的價值標準，假如一個社會國家沒有客觀的價值標準的存在，將會造成國家社會的亂亡，因此，韓非認為私利既然是普遍存在於每個人心中，則與其禁止私利的存在，不如劃定一個清楚的界線與建立一個客觀的標準，企圖將人類的自利心，原封不動的由民間的毀譽系統，移轉到國家的賞罰體系中〔註6〕，因此，在韓非「利」觀念的理論內容中，第一個「私利

〔註6〕宇野精主編，林茂松譯，《中國思想三——墨、法、邏輯》，（台北，幼獅文化
事業，民國76年11月，五版），頁172。

的普遍存在的問題」，主要是針對第二種情況之人，第二種情況的人是絕對的大多數，所以多數人「私利問題」的安定與否將攸關國家社會整體的治亂。

三、第三種情況之人：此類情況之人，主要是極端以私利為優先算計者，且在追求私利的過程中，以不公平、不合法的手段，獲取私利，也損害群體的公利，在《韓非子》已經出現許多明確的描述，如〈八姦篇〉指出八種為私利而害法治反公利之人〔註7〕，其他如〈六反篇〉、〈五蠹篇〉所指出的幾種型態之人，基本上都是韓非所言的第三種私利存在的情況之於個人，在韓非「利」觀念中，「私利」主要的對治對像是第二種情況之人，主要目的是透過一個適當的機制與節制導正私欲；而第三種情況之人，雖然只占少數，但只要一出現必定危害國家社會之公利，故《韓非子》言：「人主不除此五蠹之民，不養耿介之士，則海內雖有破亡之國，削滅之朝，亦勿怪矣。」（《韓非子·五蠹篇》）韓非認為第三種情況的人，一旦出現必除之，而不是讓其私利透過機制來節制，因為其私利的獲得在根本上是不合乎法律的，在使用上也不合乎正義的，對於其利益本身的獲得也不是一種謙卑戒慎的態度，同時其利對於國家或社會的富國強兵政策也沒有其實用性。因此，第二、第三種情況之人的私利，都是韓非「利」觀念的主要範圍與對治對象。

由上述的分析可知，追求私利的欲望是普遍的存在於每一個人心中的，這就是「利」觀念所能存在的起點，因為私利既是普遍存在的，則如何解決與安頓每個人心中的私利，並如何調合私利與公利之間衝突的問題，都是對於一群體國家社會的治亂造成根本性的影響。所以韓非在認知到「私利普遍存在」的問題後，便將私利放入群體國家社會中討論，所以再下一節所要討論的，便是再觀察「私利與公利的關係」後，發展出「公私異利」的觀念。

# 第二節 「私利」與「公利」的關係

韓非「利」觀念的第一個進程，是先提出「私利」的問題，來建構「利」觀念的主觀問題，其次，韓非提出與「私利」相對立的「公利」觀念，為其

---

〔註7〕 〈八姦篇〉中所指的八種姦人為：1、在「同床」：內奸也，如「貴夫人，愛情，孺子」，同床異夢。2、在「旁」：優笑侏儒，儒術亂家。3、父兄：側室公子，人主親愛，足以成邪。4、養殃：宮室台池，好飾犬馬足以縱私欲。5、民萌：小惠說民，約譽逞私，足以作偽。6、施行：辯士虛辭，巧文壞主，不容辯巧。7、威強：帶劍之客（俠）為己必利，去遊俠。8、四方：事大國誘其君，使之恐懼，行人之士不可留。

「利」觀念建構其客觀價值部份。因為「私利」是必然存在於每個人心中的，且人對於「私利」的追逐是永無止境的〔註8〕，而「公利」的提出與追求就是對過度「私利」的矯正與對治，在《韓非子》有對「公利」與「私利」的作了以下的界定：

> 「古者蒼頡之作書也，自環者謂之私，背私謂之公，公私之相背也，乃蒼頡固以知之矣。」（《韓非子·五蠹篇》）

> 「主之道也。明主之道，必明於公私之分，明法制，去私恩。夫令必行，禁必止，人主之公義也；必行其私，信於朋友，不可為賞勸，不可為罰沮，人臣之私義也。私義行則亂，公義行則治，故公私有分。人臣有私心，有公義。修身潔白而行公行正，居官無私，人臣之公義也。汙行從欲，安身利家，人臣之私心也。」（《韓非子·飾邪篇》）

由上述可知，韓非認為公利行則是治道，而私利行則是國家亂亡之始。但私利既不可能根除，因此韓非以明於公私之分來說明公利與私利最適當的存在關係。所謂「公利」是指「在一定社會歷史條件下國家、民族乃至全人類的根本利益。公利只計是否應該，是否合乎人之為人的應然之則和使命，而不計是否對主體自我造成損害〔註9〕。」完全不同於「私利」，並且與之相對立，「私利」是指「關注於能否實現其自身物欲等需要的個體利益，私利不顧人之為人的應然之則和使命，只顧自我行為活動的獲利需要和成功趨向，甚至損害公利、人類的根本利益而滿足個體利益〔註10〕。」由前述可知，「私利」的存在與追求是由每個主體的主觀欲望所決定，但每個個體的主觀欲望或有不同、有相同，如果是每個主體的主觀欲望有所不同，那可能還有不會出現爭奪鬥爭的情況，但如果每個主體的主觀欲望有所相同，則必會出現爭奪鬥爭之情，如《韓非子》中云：

---

〔註8〕　如〈六反篇〉云：「今以為足民而可以治，是以民為皆如老聃也。故桀貴在天子而不足於尊，富有四海之內而不足於寶。君人者雖足民，不能足使為君，天子而桀未必以天子為足也，則雖足民，何可以為治也？故明主之治國也，適其時事以致財物，論其稅賦以均貧富，厚其爵祿以盡賢能，重其刑罰以禁姦邪，使民以力得富，以事致貴，以過受罪，以功致賞而不念慈惠之賜，此帝王之政也。」《韓非子·六反篇》。

〔註9〕　張立文著，《中國哲學範疇發展史》〈人道篇〉，（北京，中國人民大學出版社，1995年8月，初版），頁214。

〔註10〕　同上註，頁215。

「齊中大夫有夷射者，御飲於王，醉甚而出，倚於郎門，門者刖跪
請曰：「足下無意賜之餘瀝乎？」夷射曰：「叱去！刑餘之人，何事
乃敢乞飲長者？」刖跪走退，及夷射去，刖跪因捐水郎門霤下，類
溺者之狀。明日，王出而詞之曰：「誰溺於是？」刖跪對曰：「臣不
見也。雖然，昨日中大夫夷射立於此。」王因誅夷射而殺之。」（《韓
非子‧內儲說下篇》）

此以齊中大夫夷射與刖跪之事，說明人臣之利益相同，而至於互相殘害之結
果也如此。故王邦雄先生在《韓非子的哲學》說道：「在群體社會之中，人人
所扮演之角色不同，其利害立場亦因之而異，若不立法齊一萬民常法，以謀
求群體價值之實現的可能，必然會導致人民步調不一，官吏私心自用的爭端
禍亂〔註11〕。」「謀求群體價值的實現」中的群體價值就是指「公利」的實現，
韓非所提出的「公利」就是謀求群體國家社稷之利的體現，也就是一種公義
的體現，如在做一件你想做之事時，先考慮是否該做這件事，其次再思考這
件事做了對我有多少利益，前者就是「公利」的體現，「公利」只問應不應該，
如張三是一個軍人，有機會賺一筆大錢，但他先思考了該項行為應不應該，
思考的結果是不應該，因為這個行為是出賣國家的，雖然能讓自己賺一筆大
錢，但出賣國家的行為已違反「公利」的原則了，若人人皆以此為之，則國
家社會必無正義的體現。其次，雖然許多人認為韓非的「公利」是指向「君
國之利」的「公利」，所以其「公利」也非真正的「公利」，但筆者引用王邦
雄先生的看法，替韓非的「公利」提出辯解，王邦雄先生認為：

「吾人研究宗教家的教義，與政治思想家的思想，應有一根本的了
解：那就宗教家與政治思想家，都是向世俗發言，向君王說法的。
為了取信於一般世俗與在位之君王，只有跳出自身本有的修養境界
與價值理想，而貶抑自我的格調，以世俗的價值與言語，或出以君
王的立場，去陳述自己的理想。如此，必造成其向世俗發言，為君
王說法，與其本有之價值理想間的差距與分歧。依個人之見，吾人
不可僅抓住彼等向世俗發言，為君王說法的這一端地平線，而無視
於其潛存本有之價值理想的另一端高峰。試想宗教家不言原罪與救
贖，不言最後審判與永生，又怎能打動人心……韓非的政治思想，
只有透過君王的接納，才能付之於實施，故其政治哲學，幾乎完全

---

〔註11〕 同前揭書《韓非子的哲學》，王邦雄著，頁 147-8。

站在君王的立場發言，乃有其不得不有的苦衷〔註12〕。」

此外，《韓非子》也多次提及以社稷為重的概念，如：

「然則群臣直莫敢忠主憂國以爭社稷之利害。」（《韓非子‧三守篇》）

「此皆不明其法禁以治其國，恃外以滅其社稷者也。」（《韓非子‧飾邪篇》）

「夫能有其國、必能安其社稷，能保其身、必能終其天年，而後可謂能有其國、能保其身矣。」（《韓非子‧解老篇》）

「使天下皆極智能於儀表，盡力於權衡，以動則勝，以靜則安。治世使人樂生於為是，愛身於為非。小人少而君子多，故社稷常立，國家久安。」（《韓非子‧安危篇》）

「法者所以敬宗廟，尊社稷。故能立法從令尊敬社稷者，社稷之臣也，焉可誅也？夫犯法廢令不尊敬社稷者，是臣乘君而下尚校也。臣乘君則主失威，下尚校則上位危。威失位危，社稷不守，吾將何以遺子孫？」（《韓非子‧外儲右上篇》）

「人主不察社稷之利害，而用匹夫之私譽，索國之無危亂，不可得矣。」（《韓非子‧八說篇》）

若韓非是只以君王的君國之利為其「公利」，則怎麼會出現那麼多以「社稷」之利為優先的論點，縱使某些論點似乎是以君王之利為優先，但其主要是認知到君王接不接受他的論點才是最重要的〔註13〕，此外，在尹振環先生的〈韓非子的進言術〉一文中，列舉出十四條進言術，其中第六條便是說：「如果想要勸說人君保全其私利的事，那麼必須說明那是符合國家利益的，又暗示它也符合國君之私利。」（「欲內相存之言，則必以美名明之，而徵見其合於私利」）〔註14〕且國家與君主之間的關係是十分密切相聯的，所以韓非的「公利」概念是含有著君王之利的殘渣，但其重點仍是落在以法治建立群體的價值觀與群體價值的體現為主，以求富國強兵。而在其「利」觀念的進程中，第二個理論進程，韓非是由「私利」與「公利」間的情況，而推出「私利」與「公利」間的關係，而「私利」的追求情況與「公利」的關係可能分為三種：

---

〔註12〕同前揭書《韓非子的哲學》，王邦雄著，頁227-8。

〔註13〕蕭振邦先生所著的〈韓非哲學的人性觀探論〉也有相同的看法，此文章載於《鵝湖雜誌》，民國77年5月，頁33。

〔註14〕尹振環著，〈韓非子的進言術〉，此文章收錄於《孔孟月刊》第三十六卷第十一期，頁40。

一、「私利」的追求與「公利」無所關係：如《韓非子》中說：

> 「醫善吮人之傷，含人之血，非骨肉之親也，利所加也。故輿人成
> 輿則欲人之富貴，匠人成棺則欲人之夭死也，非輿人仁而匠人賊
> 也，人不貴則輿不售，人不死則棺不買，情非憎人也，利在人之死
> 也。」（《韓非子・備內篇》）

上述的情況就是一種私利的追求與公利無直接的關係，因此這就是一種合於
法度之私利。

二、「私利」的追求是違反與破壞「公利」的：此種情況「私利」之追求
是違背與破壞公利的，如《韓非子》曰：

> 「人主說賢能之行，而忘兵弱地荒之禍，則私行立而公利滅矣。」
> （《韓非子・五蠹篇》）

> 「君臣之利異，故人臣莫忠，故臣利立而主利滅。是以姦臣者，召
> 敵兵以內除，舉外事以眩主，苟成其私利，不顧國患。」（《韓非子・
> 內儲說下篇》）

> 「布衣循私利而譽之，世主聽虛聲而禮之，禮之所在，利必加焉。
> 百姓循私害而訾之，世主壅於俗而賤之，賤之所在，害必加焉。故
> 名賞在乎私惡當罪之民，而毀害在乎公善宜賞之士，索國之富強，
> 不可得也。」（《韓非子・六反篇》）

上述的情況是一種以私害公的情況，在「私利」與「公利」的關係，也是韓
非主要的對治情況，因為此種情況，所獲得的私利是不合乎法度與使用上不
正義的，因此只要違反毀壞了「公利」的行為，縱使有再大的「利益」存在
也該禁止。

三、「私利」的追求是有助於「公利」的：此種情況是韓非所企求的理想
情況，希望「私利」不只是在取得上合法，在使用上更合於正義，希望「私
利」的存在是以能促進「公利」為判準。韓非認為一般人是不會刻意以「公
利」為其追求的判準的，而大多是以自我「私利」的追求為目標，然而韓非
認為會發生第三種的情況，多半是因為其自身所欲追求的「私利」，連帶的促
成了「公利」，如《韓非子》中說：

> 「君以計畜臣，臣以計事君，君臣之交，計也。害身而利國，臣弗
> 為也；富國而利臣，君不行也。臣之情，害身無利；君之情，害國
> 無親。君臣也者，以計合者也。」（《韓非子・飾邪篇》）

君臣間雖是各自以其「私利」爲考量，但君臣間在交換各自私利的過程中，間接促進了社會國家的安定與富強，故曰：

> 「田鮪教其子田章曰：「欲利而身，先利而君；欲富而家，先富而國。」
> 一曰。田鮪教其子田章曰：「主賣官爵，臣賣智力，故自恃無恃人。」」
> （《韓非子‧外儲右下篇》）

上述的三種情況是「私利」與「公利」可能發生的相對關係，而在上述的三種情況中，我們可以由其中的相對關係中，推論「公利」與「私利」間的關係：

> 第一種情況：「私利」的追求與「公利」無所關係
> 所以只要所追求的「私利」與「公利」無有直接關係，則「公利」與「私利」相互之間並不會有所影響。
> 第二種情況：「私利」的追求是違反與破壞「公利」的
> 第三種情況：「私利」的追求是有助於「公利」的
> 所以只要所追求的「私利」與「公利」有直接關係時，「私利」的追求是會影響「公利」的實現，而韓非據考察的結果後，認爲一般人因爲「自爲心」關係，在面對「私利」與「公利」的兩難時，若沒有適當統治秩序的機制存在，大部份的人是會選擇「私利」而放棄「公利」的，即使有極少數的人以「公利」爲優先，其原因可能是那個人是聖人，不然可能是因爲其選擇的「私利」是間接能促進「公利」的，而非眞正以「公利」爲目標。

所以「公利」與「私利」間的關係，原則上是相衝突的，故「公私異利」。

　　在韓非「利」觀念中，因爲「私利的必然存在性的問題」導至其理論進程的第二個問題，就是「公利」與「私利」間關係的問題，「公利」是應不應當的問題，「私利」是自爲心計算的問題，韓非認爲一般人在面對問題時，多半都先以其自爲心計算，而不問其應不應當，故韓非認爲在「公利」與「私利」間的關係中，有一個嚴重的問題，就是「公私異利」的問題，故在《韓非子》的〈六反篇〉、〈五蠹篇〉……等篇都是說明公利（賞罰）與私利（毀譽）的問題，故韓非「利」觀念的下一個理論進程是以如何解決「公私異利」的問題。

# 第三節　「公利」的優先性

　　在戰國時期的社會，先秦諸子皆是針對於周文疲弊提出時代的指導方針，然而產生的態度有二：一是向著人生之基本問題方向發展；一是將周文疲弊視為一政治社會之客觀問題來處理〔註15〕。後者就是屬於韓非所走的路，故在面對「公私異利」的問題，韓非明確的解決辦法是針對客觀環境的問題，所以提出以「公利」為優先的辦法。因為戰國時期的紛亂局面，韓非針對於「公利」與「私利」間的矛盾關係，人人皆以追求其「私利」為目的，而忽視整體客觀環境與社會國家之「公利」，但韓非並不是要否定與去除「私利」的存在，反而他是要先積極的正視此一矛盾關係，再設法調合此一矛盾關係，希望將公利與私利關係修改為「公利優先於私利，私利創造公利」的關係。接下來筆者將分兩個方向討論「公利」優先性的問題，主要是分成 Why和 How 的問題，分別是「公利」為什麼要優先的問題，其次是「公利」的優先性要如何落實與調合「私利」。

## 一、「公利」為什麼要優先的問題

　　（一）國家社會正義的彰顯：在前文已言，韓非認為人莫不狹其自為心，換言之，求利乃人類行事的動機。事實上，韓非子的「利」可區分為公利與私利之涵義，「自環者謂之私，背私謂之公，公私之相背也。」（《韓非子·五蠹篇》）黃帝的史官倉頡在造字時，把自謀利益的叫「私」，與私相反的叫「公」，公利和私利是互相衝突，不容並存。韓非進一步的表示公利是指對國家、君主之利，此因國家與君主是不分開的，私利是指人民個別的利，非人民整體的利。他說：「匹夫有私便，人主有公利。不作而養足，不仕而名顯，此私便也。」（《韓非子·八說篇》）而人民的私利絕對不可妨礙君國之公利〔註16〕，而公利優先於私利的第一個原因，就是公利在求國家社會正義的彰顯，《韓非子》〈五蠹篇〉曰：

> 「儒以文亂法，俠以武犯禁，而人主兼禮之，此所以亂也。夫離法
> 者罪，而諸先生以文學取；犯禁者誅，而群俠以私劍養。故法之所
> 非，君之所取；吏之所誅，上之所養也。法趣上下四相反也，而無
> 所定，雖有十黃帝不能治也。……國平養儒俠，難至用介士，所利

---

〔註15〕牟宗三著，《中國哲學十九講》，（台北，學生書局，民國 72 年，初版），頁 158。
〔註16〕黃建誠著，〈先秦法家思想之國家觀研究〉，東海大學碩士論文，民國 88 年，
　　　　頁 74。

非所用，所用非所利。是故服事者簡其業，而遊學者日眾，是世之
所以亂也。」（《韓非子·五蠹篇》）

「布衣循私利而譽之，世主聽虛聲而禮之，禮之所在，利必加焉。
百姓循私害而訾之，世主壅於俗而賤之，賤之所在，害必加焉。故
名賞在乎私惡當罪之民，而毀害在乎公善宜賞之士，索國之富強，
不可得也。」（《韓非子·六反篇》）

在國家社會中，應當各按其職份的所利當爲所用，利計當利而用，但若如〈五
蠹篇〉、〈六反篇〉所提的「所利非所用，所用非所利」，如此將會造成社會正
義的消失，社會正義的消失就是「公平」原則的消失，因爲出力最多的人反
而得不到相對的「利益」，而出力最少的人反而得到最多的「利益」，如此將
會造成國家社會的交換機制失去公平性與互利性，那麼將會造成人人皆以私
利的追求爲其最終目的，若如此則國家公利將無法實現，因爲自國家公利出
力最多的人，反而得到最少的私利；損害國家公利的人，反而得到最大的私
利，所以此爲韓非提出公利必將優先於私利的第一個原因。而在韓非的「公
利」觀念中是涵概二層涵義，分別如下：

1、君利：君利是談公利的前提，若君利沒有獲得保障，則掌管國家大權
便旁落於私家之手，如此則「私義行則亂。」（《韓非子·飾邪篇》），王邦雄
先生在《中國哲學論集》中有言：

「君代表國，就像班代代表班，校長代表學校一樣[註17]。」

所以君利也可說是代表著一國之利的前提，君利得到了滿足，國家才有安治
的可能，若連君利都不能得到滿足，則國家、社稷之利將會更難達成與實現。
所以在韓非所界定的「公利」概念中，君利是一個前提，前提成立了，再來
談國家、社稷之利的落實。

2、社稷之利與國家之利：社稷與國家是一同義詞，故曰：「人主不察社稷
之利害，而用匹夫之私譽，索國之無危亂，不可得矣。」（《韓非子·八說篇》）
皆是指國家之義，國家之利便是指「能促進最大多數人的幸福之利」，在時間的
意義上是長利，在數量的意義上是大利，在人數的意義上是多數人之公利。

在《韓非子》的「利」觀念中，落實公利的優先性以求彰顯國家社會之
正義，其「正義」便是透過社會交換的機制使公利與私利之衝突得到合諧，
進而實現其「社稷之利與國家之利」，並且企求在私利與公利的關係上，創造

---

〔註17〕王邦雄著，《中國哲學論集》，（台北，學生書局，民國72年，初版），頁117。

出一個「公利優先於私利，私利創造公利」的理想情況。

因此，韓非企求先藉由適當的社會交換控制機制，讓國家社會的正義彰顯，透過交換的機制，私利得到了滿足，公利得到了實現，故能創造「公利優先於私利，私利創造公利」的理想結果。若此則君利前提得到成立，國家與社稷之公利得以實現，進而公利與私利能透過社會交換的過程中，讓正義公平的原則實現，則私利的獲得與使用，必當會合乎於不損害公利的大前提下而行，讓私利是在合於取得的合法性、使用上的正義、對於自身的謙卑性的前提下而成立，並對於國家社會有其實用性的效用。

（二）國家社會群體客觀價值的建立：在國家社會的正義原則落實，另一個原因，就是群體客觀價值的建立，因為公利是建立在對於在一定社會歷史條件下國家、民族乃至全人類的根本利益，國家社會的正義是公利要優先於私利的第一個原因，因為若國家社會沒有正義存在，則國家社會沒有一個適當的控制機制，如此則人人以私利害公利而為之，其次，另一個原因，則是公利要建立群體的客觀價值，有了群體客觀價值的建立，將使全國上下有一條共同努力的方向，就不會發生如〈五蠹篇〉中所說的：「上下之利若是其異也，而人主兼舉匹夫之行，而求致社稷之福，必不幾矣。」（《韓非子·五蠹篇》）若個人的私利與國家的公利在大方向上是沒有一致的話，則謀求國家公利的實現是不可能的。

## 二、「公利」的優先性要如何落實與調合「私利」

（一）用「法」來落實「公利」的優先性：此點是相應於前述國家社會正義彰顯的方法面的問題。韓非認為要把國家社會正義充份的落實與彰顯，所把握的要訣是「賞罰」二字，賞是利，罰是不利，都可從一個「利」字去看〔註18〕。《管子·禁藏篇》早說過「利之所在，雖千仞之山，無所不上，深源之下，無所不入。」〔註19〕而對於「利」的掌握就是要「賞罰」，而「賞罰」的落實則是在於「法」的實現，有關「法」的意義，〈定法篇〉說得十分明白：

> 「法者，憲令著於官府，刑罰必於民心，賞存乎慎法，而罰加乎姦令者也，此臣之所師也。」（《韓非子·定法篇》）

---

〔註18〕黃光亮著，《韓非法治思想之研究》，（台北，慧明電打印刷有限公司，民國67年6月，初版），頁84。

〔註19〕同前揭書《管子校正》，尹知章著，頁47。

在〈難三篇〉也有提到：

> 「法者，編著之圖籍，設之於官府，而布之於百姓者也。」（《韓非子·難三篇》）

在《尹文子》明確的說明了法的定義：

> 「法有四呈，……一曰不變之法，君臣上下是也。二曰其齊俗之法，能鄙同異事。三曰治眾之法，慶賞刑罰是也。四曰平準之法，律度權良是也。〔註20〕」

因爲法具有上述的特性，所以法在確實制定與應用施行後，能如〈六反篇〉所言的：

> 「故法之爲道，前苦而長利；仁之爲道，偷樂而後窮。聖人權其輕重，出其大利，故用法之相忍，而棄仁人之相憐也。」（《韓非子·六反篇》）

此文一方面說明了韓非功利主義的立場〔註21〕，此其之用「法」亦是因「大利」而爲之；另一方面也指出法的工具性，蓋法只是獲大利之工具，是因獲大利而有意義。韓非乃是通過人性趨利避害之必然結構，從而建立其信賞必罰之法結構，是以人性之普遍性與必然性便可經由賞罰而進入法的結構，至於法的結構對賞罰之貫徹乃是通過「循名責實」之原則而展開〔註22〕，以求國家社會正義的彰顯。王邦雄先生在其《韓非子哲學》中說道：

> 「依個人之見，韓非法之第一要義，在於其標準性與規範性。……韓非之法的第二要義，在於其強制性與權威性。……韓非法之第三要義，在於其爲公佈法之普遍性與客觀性。……韓非法之第四要義，在於其爲成文法之恆常不變性。……由上述法之四類性質與功能的結合，就顯現『法之公正與平等的實質精神』〔註23〕。」

「法之公平與平等的實質精神」就是國家社會正義的彰顯，因爲在前章〔註24〕已說明，「法律的協議和履行，就是正義。」法律能夠確實的經過公平客觀的

---

〔註20〕 劉雅農總校，《法家佚書輯本七種：鄧析子校詮，尹文子校詮，公孫龍子校詮》，（台北，世界書局，出版年月不詳），頁 22-3。

〔註21〕 韓非所追求的功利，乃是公利，在時間上是長利，在數量上是大利，在人數上乃是眾人之公利。

〔註22〕 高柏園著，《韓非哲學研究》，（台北，文津出版社，民國 83 年，初版），頁 129。

〔註23〕 同前揭書《韓非子的哲學》，王邦雄著，頁 154-5。

〔註24〕 請參閱第五章第三節，頁 51。

程序來維護客觀秩序，這就是一種國家社會正義的彰顯。在〈二柄篇〉對於國家社會正義透過法而體現也有精要的說明：

> 「人主將欲禁姦，則審合刑名者，言異事也。爲人臣者陳而言，君以其言授之事，專以其事責其功。功當其事，事當其言，則賞；功不當其事，事不當其言，則罰。故群臣其言大而功小者則罰，非罰小功也，罰功不當名也。群臣其言小而功大者亦罰，非不説於大功也，以爲不當名也害甚於有大功，故罰。昔者韓昭侯醉而寢，典冠者見君之寒也，故加衣於君之上，覺寢而説，問左右曰：「誰加衣者？」左右對曰：「典冠。」君因兼罪典衣與典冠。其罪典衣、以爲失其事也，其罪典冠、以爲越其職也。非不惡寒也，以爲侵官之害甚於寒。故明主之畜臣，臣不得越官而有功，不得陳言而不當。越官則死，不當則罪，守業其官所言者貞也，則群臣不得朋黨相爲矣。」（《韓非子·二柄篇》）

上述文獻的描述，其實就是在描述一種，透過「法」明賞罰而體現國家社會正義的現象，人人皆應盡其職份，按其對工作表現給予適當的報酬，在陳啓天先生的《中國法家概論》一書中，對於「法」的界定中，第一項界定便說到「法是明分止爭的標準〔註25〕。」故《韓非子》曰：「功當其事，事當其言，則賞；功不當其事，事不當其言，則罰。」若能如此，則將不會在發生如〈五蠹篇〉、〈六反篇〉……等的「所利非所用，所用非所利」的情況，而是以一種「利計當利」〔註26〕的原則，由「法」來落實社會交換機制的互利性與公正性，並實踐「公利」的優先性，以彰顯國家社會正義。

　　（二）以「耕戰」來建立群體的價值觀：先秦法家諸子有一個共同的目標，就是要將國家的「富」與「強」視爲治國的首要目標，故牟宗三先生說：「這便是所謂法家，這些人比較實際，能注視現實，都有事功應世之才，亦都有冷靜的「乾慧」〔註27〕，客觀的理智。故能『爲政以法』〔註28〕。」因爲有強烈的現實感驅策，故快速的富國強兵乃是其最大目的。此外，韓非對於凡與國家富強有直接關係者，無不贊同。至於僅關私德，無補公益者，輒不

---

〔註25〕同前揭書《中國法家概論》，陳啓天著，頁133。

〔註26〕就是前述的「功當其事，事當其言，則賞；功不當其事，事不當其言，則罰。」的態度，有過則罰，有功則賞，利該給予應當受賞的人。

〔註27〕無仁德以潤之之慧名之曰乾慧。

〔註28〕同前揭書《政道與治道》，牟宗三著，頁37-8。

予重視〔註29〕。故韓非以「耕戰」建立群體的客觀價值，並落實公利的優先性，韓非認為「耕」是一國的經濟基礎，故韓非有解放地力的主張，以求生產力的提高，而「戰」是一國的國防基礎，故韓非提出了賞罰以勵戰的主張，故曰：

> 「故越王將復吳而試其教，燔臺而鼓之，使民赴火者，賞在火也，
> 臨江而鼓之·使人赴水者，賞在水也，臨戰而使人絕頭刳腹而無顧
> 心者，賞在兵也，又況據法而進賢，其助甚此矣。」（《韓非子·內
> 儲說上》）

韓非希望由「耕戰」二事建立群體的客觀價值，因為「耕戰」是最能表現公利的私利，且能調合公利與私利，因為在生產或打戰後，都會依其生產力或戰功予以賞賜，在這一個社會交換的過程中，私利得到了滿足，公利也獲得了實現，所以耕戰對於國家是有其實用性之利。王邦雄先生在其《韓非子哲學》說道：

> 「人主治國，求富強之功，其本在內政，不在外事。而內政之本，
> 則在審於法禁，法禁明，則官治於盡能。賞罰不阿，則民用於農
> 戰。……官盡能則國治，民用力則國強，國治則不可攻，國強則能
> 攻人，由內政之國趨治強，再外事霸王之業。〔註30〕」

上述的一段話，正好呼應筆者前述的公利落實的過程，先由法的落實來實現國家社會的正義，能審法禁，自然也就人人盡其職責，利計當利，其次，再用民於「耕戰」，以建立群體的客觀價值，以求富國強兵之國家最大公利的實現。如下圖示：

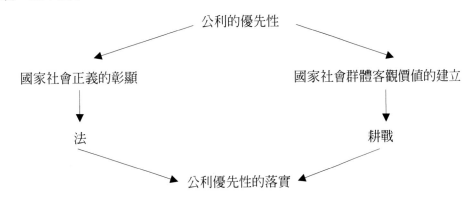

---

〔註29〕王雲五著，《先秦政治思想》，（台北，臺灣商務出版社，民國57年11月，二版），頁319。

〔註30〕同前揭書《韓非子的哲學》，王邦雄著，頁223。

再確立了公利的優先性原則，建立了公利與私利的優先性原則後，接下的問題便是由誰來執行與落實公利的優先性原則，這便是下一節中「公利要藉由君主節制私利來實現」所要討論的問題。

## 第四節　公利要藉由君主節制私利來實現

再解決了公利爲什麼要優先與如何優先於私利的問題後，接下來的理論進程的問題是要尋找這些落實公利的條件（如法、耕戰）背後的最終審判者與支持者，求群體的公利能確實的實現，唐君毅先生云：

> 「韓非之學之所以爲韓非之學，亦即正在知此世間無往而不見有此人之善不善、是非、毀譽之無定，人與人恆相疑之種種事實，而更處處加以指出；而謀在政治上斷世間之『或然之疑』，而立『必然之信』，去臣民之欺詐之姦，而以君統一國家之權，而致富強，以成霸王之業〔註31〕。」

立「必然之信」主要的工作是落在君主身上，故言「以君統一國家之權」，而君主落實國家公利主要治道是對利、威、名的掌握，威利即是賞罰，名即是法之規範而非世俗的毀譽。法定之賞罰及其毀譽，皆爲人類行爲的趨策力〔註32〕，因此明君立法令，循名責實，而用賞罰以行權；人臣即自本其計較利害、與自保其名位而畏威勢之心，以奉法，而求其行事或「形」之實合於名。此即治道也〔註33〕。故曰：「聖人之所以爲治道者三：一曰利，二曰威，三曰名。」（《韓非子·詭使篇》），而執行節制私利〔註34〕與實現公利工作的主要執行者，韓非是把這份工作交給一國之君來執行。但因爲國君能「以一人之力禁一國者，少者勝之」（《韓非子·難三篇》）的人少有，且「力不敵眾，智不盡物」（《韓非子·八說篇》），而國君的安危與否往往是與一國的興衰有著必然的關係，因此國君既要節制臣民之私利，又要實現社稷之公利，但因爲國君管理不了那麼多的人與事，故馮友蘭先生曰：

> 「韓非認爲，作爲一個專制主義中央集權的君主，只有君主一個人，高高在上，老百姓以及大小官僚，都是他的統治的對象。在統治者

---

〔註31〕同前揭書《唐君毅全集——中國哲學原論導論篇》，唐君毅著，頁511。
〔註32〕同前揭書《韓非子的哲學》，王邦雄著，頁156。
〔註33〕同前揭書《唐君毅全集——中國哲學原論導論篇》，唐君毅著，頁530。
〔註34〕所謂的節制私利，是指節制因爲以私利而違害公利的私利，並非一昧的壓制私利。

與被統治者這兩個對立面中，統治者這個對立面只有一個人，而被
統治者這個對立面卻包括有成千上萬的人。如果沒有一套完整的統
治術，統治者是進行統治是很困難的。他所掌握的政權，隨時都可
以爲他的對立面篡奪而去〔註35〕。」

就客觀的事實層面，要能治國就非「舍己能」舍「私意」而以「法」治國不
可〔註36〕。但君國之公利，卻常因臣民的自爲心而被拒斥，而破壞、違背法
律，所以徒有法是不能確實的節制私利與實現公利的，因此韓非提出了「勢」
與「術」二種方法，讓「法」更有其強制性、權威性，並以「術」爲其運用
方法來管理群臣，故《韓非子》說道：

> 「問者曰：『申不害、公孫鞅，此二家之言孰急於國？』應之曰：「是
> 不可程也。人不食，十日則死；大寒之隆，不衣亦死。謂之衣食孰急
> 於人，則是不可一無也，皆養生之具也。今申不害言術，而公孫鞅爲
> 法。術者，因任而授官，循名而責實，操殺生之柄，課群臣之能者也，
> 此人主之所執也。法者，憲令著於官府，刑罰必於民心，賞存乎慎法，
> 而罰加乎姦令者也，此臣之所師也。君無術則弊於上，臣無法則亂於
> 下，此不可一無，皆帝王之具也。」（《韓非子·定法篇》）

韓非所言「勢」就是勝眾之資，即人君以勢爲統治眾人之工具。無勢，不足
以言法術。有術，則可進而制馭天下〔註37〕。故曰：

> 「君執柄以處勢，故令行禁止。柄者，殺生之制也；勢者，勝眾之
> 資也。」（《韓非子·八經篇》）

而韓非所言的「術」，乃指君主用人行政及增進實效之一切方法，雖其中亦包
括有權術之術在內，但其最重要之術，則仍爲權術以外之各種用人行政方法。
《韓非子》曰：

> 「術者，因任而授官，循名而責實，操殺生之柄，課群臣之能者也，
> 此人主之所執也。」（《韓非子·定法篇》）
> 「術者，藏之於胸中，以偶眾端而潛御群臣者也。故法莫如顯，而
> 術不欲見。是以明主言法，則境內卑賤莫不聞知也，不獨滿於堂。

---

〔註35〕 同前揭書《中國哲學史新編二》，馮友蘭著，頁453。
〔註36〕 張純、王曉波著，《韓非思想的歷史研究》，（台北，聯經出版社，民國83年
　　　　12月，初版三刷），頁110。
〔註37〕 姚蒸民，《韓非子通論》，（台北，東大圖書公司，民國88年，初版），頁137。

> 用術，則親愛近習莫之得聞也，不得滿室。而管子猶曰『言於室滿
> 室，言於堂滿堂』，非法術之言也。」（《韓非子‧難三篇》）

術與勢二觀念的引用，成就韓非以君主為核心來落實公利的哲學基礎，但術與勢也是造成韓非哲學遭受新儒家批評的主要原因，熊十力先生在其《韓非子評論》書中說道：

> 「韓非之學，不為法家正統。吾人謂當正名法術家，其說甚是。棄
> 韓非書，隨處皆用法術一詞，且於法術二字，分析甚清。……然雖
> 法術兼持，而其全書精神，畢竟歸本於任術。……韓非書，雖法術
> 並言，而其全書所竭力闡明者，究在於術〔註38〕。」

熊十力先生認為韓非只是法術家，而不是法家，其間最主要的區別，即法家乃是以法為優先之思想結構，而法術家則以法術為工具之手段，法的目的在求群體秩序的安定，而法術的目的，則是在求個人目的的達成，因此，熊十力先生認《韓非子》全篇的精神就在術，故認為韓非並非是正統之法家。牟宗三先生在《中國哲學十九講》中，也對韓非的「術」與「勢」提出了批評，牟宗三先生說道：

> 「韓非子則主張法術兼備。法布在官府，術操之於皇帝。法是客觀的，
> 而術則是大皇帝一個人的運用，是秘密。這是個很壞的觀念，絕對
> 的尊君，以致大皇帝成了無限的存在，不受任何法律的限制〔註39〕。」

牟宗三先生批評韓非的主要論點，是針對韓非提出法的客觀性只針對於皇帝以下之人，而皇帝則因為術、勢的運用，而使其沒有客觀性的限制，則皇帝便可為所欲為。但其實韓非所言的「術」與「勢」是只針對於君王的統馭之術，但其主要的目的是不希望發生「君無術則弊於上，臣無法則亂於下」的情況。**韓非認為利用人的利害心，功利心而為政，固然可行，但是人欲無止境，人心不免日趨險惡，君臣的利害因立場不同而必然有異。如何幫助國君，使國家利益不被臣民所奪，韓非又倡用術以察姦。現實的社會環境，令人重功利而泯愛心，慈母尚且不能以愛心教子女，國君又焉能以惠愛化臣民？這又造成臣民只屈服於威勢之下的現實情形。所以國君治國又應該以勢威民，勢之能威民，必賴法治政治的法與術**〔註40〕。**韓非的最終目的是企求以術、勢來加強「法」的落實，**

---

〔註38〕 熊十力著，《韓非子評論》，（台北，學生書局，民國67年10月），頁3。
〔註39〕 同前揭書《中國哲學十九講》，牟宗三著，頁169。
〔註40〕 徐漢昌著，《韓非的法學與文學》，（台北，維新書局，民國68年1月，初版），

以求興公利，去公害。黃宗羲在其《明夷待訪錄》中，除了重振孟子「民為貴」與禮運「天下為公」的思想以外，他發前人之所未發，明確地揭櫫了「有法治而後有治人」的精華〔註41〕。對於法家思想的「法」有一透徹的理解，而在其〈原君篇〉中，更提出了對君主的起源與理想的典範：

> 「有生之初，人各自私也，人各自利也，天下有公利而莫或興之，有公害而莫或除之。有人者出，不以一己之利為利，而使天下受其利，不以一己之害為害，而使天下釋其害。此其人之勤勞必千萬於天下之人。夫以千萬倍之勤勞而己又不享其利，必非天下之情所欲居也。故古人，量而不欲入者，許由、務光是也；入而又去之者，堯、舜是也；初不欲入而不得去者，禹是也。豈古之人有所異哉？好逸惡勞，亦猶夫人之情也〔註42〕。」

由上述的一段話，吾人可從中歸納得到幾個重點：

一、人性皆自為，故公私異利：黃宗羲先生在其《明夷待訪錄》〈原君篇〉中，也有與韓非相同的預設，就是人性自為，故曰：「有生之初，人各自私也，人各自利也。」（《明夷待訪錄·原君篇》）因為私利必然存在的問題，且人性的自為，則私利與公利間的關係是矛盾且衝突的，故曰：「天下有公利而莫或興之，有公害而莫或除之。」（《明夷待訪錄·原君篇》）

二、君王為興公利，除公害的政治目的而設：黃宗羲對於君王的源起與職責作了清楚的界定，因為天下人各自紛爭其私利，故設君王以興天下利，除公害為目標，故曰：「有人者出，不以一己之利為利，而使天下受其利，不以一己之害為害，而使天下釋其害。」（《明夷待訪錄·原君篇》），所以對梨洲而言，君王乃為實現天下之公利，消除天下之公害，這一崇高的政治目的而設，相對於韓非而言，韓非對於君王的職責的界定，也是要求君王以興天下利、除公害為職責〔註43〕，但韓非體認到國君要以一人之力「獨制四海之內」的困難，因此韓非也相應的提出了對治的方法，認為君主只要「守要」

頁 161。

〔註41〕　林毓生著，《政治秩序與多元社會》，（台北，聯經出版社，民國 79 年 9 月，二版），頁 99。

〔註42〕　黃宗羲著，《明夷待訪錄》，（台北，商務印書館發行，民國 45 年，初版），頁 1-2。

〔註43〕　曾春海著，〈對黃宗羲《明夷待訪錄》民本思想的省察〉，此文章收錄於《哲學與文化》二十三卷第四期，1996.4，頁 1467。

即可。「守要」就是抓住「利」來思考，並操縱術與建立勢，以求法的徹底實現與落實。韓非比黃宗羲更深刻的體認與關心君主職位的重要與危險，韓非與黃宗羲二人，對於君道的看法差異點就在此，黃宗羲是以民本思想爲其出發點來考量，故曰：「古者以天下爲主，君爲客。」（《明夷待訪錄‧原君篇》）韓非則是先以君主自身的安危爲起點來作前提，再求其公利的實現，此乃是在當時環境下不得不然之考量。因爲對韓非而言，君主接不接受其政治主張的思考方向，一定是以自身利益的損益來考量，若只以民本公利的思想來規勸君主落實公利、除公害，對於君主而言，是沒有足夠利益的動機讓他去採納的。因爲韓非由其對人性的預設與考察，提出他不相信人是可以自行爲善的，必須有利爲其誘餌引之，人才有主動行動的動機，也因此唯有把君利放入其理論中的前提，則君主自然較能夠接受其主張。故郭沫若先生說道：

> 「他（韓非）不相信人是可以自行爲善的，人根本是壞東西，所以
> 須得想方法使他不得爲惡，善惡的標準是什麼呢？有利於尊主安國
> 的便是善，反之便是惡，國是主的國，簡單點，便是以主的安全尊
> 嚴爲唯一的標準〔註44〕。」

所以韓非先把君主的安危與否列入其理論的前提，前提成立了，君主才能落實公利、除公害。因此「術」與「勢」的提出，雖然使君主減少了部份客觀的限制，但天下人的喜惡愛怒就是最大的客觀限制，且在《韓非子》也對於君作了許多警告與要求，如：

> 「好宮室臺榭陂池，事車服器玩好，罷露百姓，煎靡貨財者，可亡
> 也。」（《韓非子‧亡徵篇》）
> 「饕貪而無饜，近利而好得者，可亡也。」（《韓非子‧亡徵篇》）
> 「很剛而不和，愎諫而好勝，不顧社稷而輕爲自信者，可亡也。」
> （《韓非子‧亡徵篇》）

對於君主的生活作出了警告，不要貪求過份、不要過份奢侈，此外又提出了許多要求，如：

> 「忠言拂於耳，而明主聽之，知其可以致功也。」（《韓非子‧外儲
> 說左上篇》）
> 「故明君無偷賞，無赦罰。賞偷則功臣墮其業，赦罰則姦臣易爲非。
> 是故誠有功則雖疏賤必賞，誠有過則雖近愛必誅。近愛必誅，則疏

---

〔註44〕郭沫若，《十批判書》，（北京，東方出版社，1996年3月，初版），頁392。

賤者不怠，而近愛者不驕也。」（《韓非子・主道篇》）

「小信成則大信立，故明主積於信。賞罰不信，則禁令不行。」（《韓非子・外儲說左下篇》

上述所說的納諫、無私任公與守信用皆是韓非對於君主的期望與要求，也可說是在韓非哲學系統中所預設的君主之客觀限制所在。故君王以「術」、「勢」用於「法」使「法」歸於正道，則自能落實公利、除公害，若君王以「術」、「勢」用於個人的享受，而壞公利、興公害，則自然會被歷史所淘汰，被後人取而代之。

韓非正視到要落實公利的優先性，必先讓一國權力的最高統治者，能夠有足夠的理由接受與落實其理論，故韓非提出了「術」與「勢」的理論，一方面為幫助君主落實公利的實現，令一方面則是以保障君主安危之考量，以達到讓君主能夠接受其政治主張的訴求，故法律內容之制定是以君利為前提的，故近人趙海金亦云：

「法之制定權，在君主政治下，自應歸屬於國君。韓非對此雖未明言，但由下列兩者推之，自當如此：

一、韓非主任勢，即君主握有統治權，立法權為統治權之一種，自應屬於君主無疑。

二、韓非以賞罰權必須操之在君，而法為賞罰權行使之依據，其制定權自亦操之於君〔註45〕。」

所以韓非尚法術，乃是因為韓非認為欲富國強兵，必集權中央，使主任勢，獨擅賞罰，握有至高之統治權。故法之制定也該操之於君，由君主以君國之利為其制定「法」的主要方向與目標，不過其主要目的，乃是在企求君主正視私利必然存在的問題以為由此所致公私異利的問題。因此韓非以為人性是自為的，自為的結果雖可為善，但亦必引起爭奪。人與人之間的私利發生衝突時，其作為仲裁者厥為象徵君權的法律。並因以君權之法代表公利，故即以公利來規範私利間之衝突〔註46〕，希望利用人人自為之心，以「法」來公正社會交換的過程，達到「功當其事，事當其言，則賞；功不當其事，事不當其言，則罰。」《韓非子・二柄篇》讓公利與各私利間都得到和諧與滿足，且使其所得之「利」都符合於取得之合法性、使用之正義性、對於利益自身的謙卑性、實用性。

---

〔註45〕轉引張素貞著，〈韓非子思想體系〉，此文章收錄於《幼獅學誌》第九卷第一期，民國59年3月，頁44。

〔註46〕同前揭書《韓非思想的歷史研究》，張純、王曉波著，頁82。

　　理論論述至此，韓非「利」觀念中的理論特色與重點，大致已由前述的四個理論進程與特色論述完畢，在下一節中，筆者將根據前述的四個理論進程與特色作一統整之論述，以求得韓非「利」觀念最重要的問題，就是其「利」觀念的最終目所在。

# 第五節 「利」的目的在求『治』

　　韓非「利」觀念的理論進程與內容特色，大致如前述。其理論進程是先由「私利必然存在的問題」導至「公私異利」的問題，並推出「公利的優先性」，最後以君主來落實與執行這項任務，本節將針對前節所論的理論進程與內容特色推論其「利」觀念的最終目的與內涵所在。先以以下圖示說明分析：

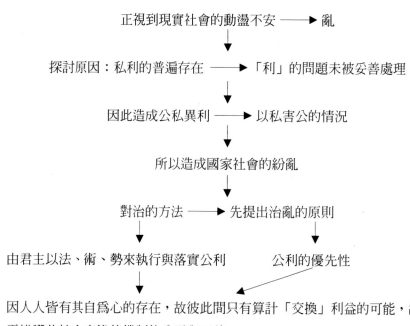

正視到現實社會的動盪不安 ——▶ 亂

探討原因：私利的普遍存在 ——▶ 「利」的問題未被妥善處理

因此造成公私異利 ——▶ 以私害公的情況

所以造成國家社會的紛亂

對治的方法 ——▶ 先提出治亂的原則

由君主以法、術、勢來執行與落實公利　　　　公利的優先性

因人人皆有其自為心的存在，故彼此間只有算計「交換」利益的可能，故君主需維護此社會交換的機制的公平與正義。

透過此一社會交換的機制，使公利優先於私利的原則落實，並使私利與公利之間達到和諧

如此人人就會見利思義（使利符合其利的條件說）

治

上述的圖表是針對前幾節的論辨內容所歸納的邏輯理路,在此由亂求治的過程中,大致可歸納爲三個重要的轉折點,分別是:

一、人人皆有其自爲心:先由針對於國家社會中現實客觀面的省察來探討人與人之間的問題所在,以客觀事實面來解決問題,進而發現私利普遍存在的問題,因爲人人皆有其自爲之心,故造成國家社會的紛亂。

二、君主與社會交換的機制:透過君主維護此一機制的公平正義,讓交換的過程中,私利與公利都得到滿足。

三、人人見利思義:透過前述的監督與交換機制貫徹,則會讓人人養成一個習慣就是見利思義,義在這裡是指應當的問題,義是應得的,利是欲得的。欲得者之中,有應得的,有不應得的,應得者中,同樣亦有欲得的,有非所欲得的〔註47〕。韓非希望透過君主的法、術、勢,讓人人在社會交換的過程中,對於欲得者,但不應得的,能夠透過法的維護,達到以刑去刑的效果;對於應得者,但非所欲者,也能透過法來使其實踐與落實,而達到治的目的。

經由上述的分析,吾人可以發現,韓非「利」觀念的最終目的與內涵,是希望透過對「利」的對治,來改變紛亂的局面,企求在公利爲優先的原則下,讓公利與私利都達到和諧的情況,以求去亂求治。

---

〔註47〕 曾春海,〈述評陳大齊對義利之辨的研究〉,此文章收錄於《哲學與文化》二十八卷第十一期,2001、11,頁984。

# 第七章 《韓非子》「利」觀念與羅爾斯《正義論》的比較

　　「政治哲學的實際任務」是找出一套實際可行的公共觀念，而此項任務的終極目標則在於營造出「穩定的社會整合」〔註1〕，韓非「利」觀念是繼承先秦哲學由人性觀的探討來決定與建構其相應的政治立場與哲學。韓非所希望的契約模式〔註2〕，也就是經由「法」來建構一套實際可行的公共觀念，並由君主來貫徹實行，企求解決公私異利的問題，希望透過積極正視「私利」的問題與制度的使用促成「公利」的實現。韓非「利」觀念的理想與核心問題，在經過了近兩千多年後（BC233-AD1900）的西方民主社會中，得到了西方許多學者的呼應，如近代的霍布斯（Thomas Hobbes）、洛克（John Lock）、盧梭（Henri Rousseau）、康德（Immanuel Kant）〔註3〕等人，都希望透過社會

〔註1〕 陳宜中，〈羅爾斯與政治哲學的實際任務〉，此文章收錄於《政治科學論叢》第十四期，民國90年6月，頁49。

〔註2〕 此一契約模式與近代西方的傳統契約論略有出入，相同點在於都是希望透過「法」來達到整個社會的穩定與客觀價值的體現，其不同之處在於，韓非的法的契約模式是強制性的，這個客觀的價值建立與限制的成立都在君主一人身上，其著眼點在於富國強兵而已，而西方的傳統契約論是希望透過「法」來限制統治者的權力，希望透過「法」來平衡統治者與被統治的客觀限制性。

〔註3〕 古典契約論（The Social Contract Theory）的討論是起始於對自然狀態（state of nature）的描述，即在契約成立之前人們的生活狀態。換言之，對人的看法一定對之後形成的契約有著重要的影響。如霍布斯就認爲人性是自私、貪婪的，人和人處於交戰狀態，爲了保障最可貴的「自然權利」——生命，人們把其他自然權利都轉讓給君主；洛克則是對人性有不同於霍布斯的看法，他認爲人有互助互利的本性，但在合作中難免有磨擦和衝突，因此只好藉由契約來

契約論的模式，來對治「利」的問題，希望找出一套大家都可以接受的公共觀念，以達成公利與私利之和諧的情況。上述的傳統契約論觀點帶給了近代西方社會許多政治理論的啟發，羅爾斯（John Bordley Rawls）的《正義論》也是受傳統契約論的觀點所啟發影響的理論，其《正義論》在學術界所引起的關注和迴響極為廣泛，它不只是成為哲學家討論和批判的對象，也是政治、法律、社會、經濟等學術領域的熱門話題。此外，羅爾斯不只繼承了傳統契約論的論點，同時羅爾斯也對於傳統契約論的觀點作了部份的修正，羅爾斯所採取的路徑是對傳統契約論的抽象化，羅爾斯的構想是：

> 「把洛克、盧梭和康德所代表的傳統契約理論加以普遍化，並且將之帶到一個更高的抽象層次。據此我希望將這個理論能夠發展，而使它不再受到一些明顯的、通常被認為致命的反對意見所打擊。並且，這個理論似乎可以提供另一種對正義的系統說明，這種正義是優於具支配地位的效益主義傳統〔註4〕。」

羅爾斯的修正主要是將以往社會契約論偏向有關個人的道德行為，將之擴大到整個社會的基本結構上。並且明確的提出「公共觀念」的理想性目標與意涵所在，便是以正義作為其公共觀念的理想性目標與意涵之主題，其主要的課題是對社會基本結構的各項權利與義務作妥善的安排，其中正義原則便是規範這個安排的依據〔註5〕。羅爾斯在其《作為公平的正義》一書中有言：

> 「正義原則的角色是闡明公平的社會合作條款。這些原則闡明由主要政治和社會制度所規定的基本權力和義務，而且它們也調節由社會合作所產生之益處分配，並分派維持這種社會合作所必需的負擔。在一個民主社會中，從政治觀念的觀點看，既然公民被當作自由和平等的人，那麼民主的正義觀之原則就應被視為闡明了這樣所理解的公民之間進行合作的公平條款〔註6〕。」

---

維持正義，由契約建立的政府便是公平的仲裁者，是公民的代理人；盧梭則是認為人的生活乃是為了保存自己，為了使合作成為可能，並且要保障共同的安全，才會通過社會契約來創立國家：康德則是將所代表的傳統契約理論更加以普遍化，並且將之帶到一個更高層次的抽象層次。

〔註4〕 Rawls，John，《A Theory of Justice》，（Cambridge，Mass：Harvard University Press，1971），p.51.

〔註5〕 劉煥麒著，〈羅爾斯的人觀探析〉，政治大學碩士論文，民國89年，頁2。

〔註6〕 約翰‧羅爾斯著，姚大志譯，《作為公平的正義 正義新論》，（台北，左岸文化事業，民國91年11月，初版），頁9。

上述「公民之間進行合作的公平條款」便是羅爾斯《正義論》的主要目的所在，其目的也就是在不違背民主政治的前提下，找出一套符合現況與實際可行的公共觀念，並以此建構其正義觀念。所以羅爾斯的「正義」觀念是與韓非的「公利」觀念是很類似的，但二者間仍有其差異點，不過二者皆是透過其理論系統的架構來建構各自理論系統中的「正義」觀念，韓非透過公私異利的矛盾，進而推導出公利的優先性，試圖透過君主來建構社會交換論的機制，來彰顯公利的「正義」性質，並且其公利觀念也類似於規範安排的依據，透過「君」與「法」強化與落實規範的依據，並以此建立一套實際可行的公共觀念，企求營造出「穩定的社會整合」，故本章的目的就是希望以羅爾斯的《正義論》與韓非的「利」觀念作一比較，希望藉由二者的對比，探討二者理論實際內容之開展及其理想極致的境界所在，以釐清韓非與羅爾斯間的理論基礎與內容的差異，並試圖詮釋二者的正義概念的相同點與相異點，最後對二者的整體理論結構內容作一對比，嘗試藉由二者對於「利」問題的掌握，以探討二者正義概念中的差異性與其共同的內在理想性目標所在。

# 第一節　羅爾斯《正義論》的理論陳述

約翰羅爾斯是當代最重要的哲學家之一，他在一九二一年一月二十一日出生於美國馬里蘭州的巴爾的摩城，他的《正義論》一書大部份的內容都是在哈佛大學哲學系擔任主任期間寫完成的。但是在此之前，他已經就書中所涉及的問題作一系列的文章論述這些問題。1958 年他就已經寫了〈正義即公平〉（Justice as Fairness）一文，闡述了正義這一概念的內涵。《正義論》在一九七二年正式發行，所造成的影響是全面的，它不只是成為哲學家討論和批判的對象，也是政治、法律、社會、經濟等學術領域的熱門話題。接下來吾人將針對於羅爾斯《正義論》的理論架構、理論原則與理論進程作一基本概念的說明。

## 一、理論架構

羅爾斯的《正義論》其基礎的理論架構是建立在自由主義的基礎上，自由主義是西方最具宰制性的意識形態，但其宰制性並非如馬克思一樣公然強制地加在許多共產主義國家一樣，而是以一種較微妙因此更有效的方法形成

宰制〔註7〕。其理論架構基礎是完全與韓非不同的，且是處在兩個極端，韓非
雖然也希望透過法的模式找出一套公共觀念，但其基礎的立論架構是建構在
君主專制的理論架構，主要還是爲順應客觀情勢的限制〔註8〕，所以提出先以
求「君國之利」的完善，使「君國之利」等同於「公利」。而自由主義則是從
個人主義的角度推論其政治設計，其最主要的基本單位就是個體
（individual）。個體就是單獨一個人，每一個人都是個體。這個語詞所要強調
的事實是「他是誰」而不是別人或它物，也就是強調每一個個人的獨特性，
重視他和他人的不同點而不是共通處〔註9〕。十九世紀英國自由主義大師約翰
彌爾（John Stuart Mill）認爲每個人只要不侵害別人，則每個人都有充份的自
由，他說道：

> 「在民主社會中，單是防止政治和行政機器對個人自由的侵害還不
> 夠，我們要防的還有：主流意見和大眾感受的暴虐（the tyranny of
> prevailing opinion and feeling）；社會以「單一價值觀」和「統一行
> 爲」強迫有不同想法的個人去順從的傾向；對個人個性及發展的扼
> 殺〔註10〕。」

在一個民主的社會中，在自由的制度架構下，人們自由運用其理性的結果，
自然會形成不同的價值觀，此外自由主義強調人作爲個體的這一個面向，必
然會承認和肯定人類差異的自然性和正當性，以及重視個性的獨特性和差別
發展，所以《正義論》的立論基礎爲先承認社會多元價值觀的普遍性與合理
性的存在，並賦予每個個體自由平等的權利，其中心課題是在一個多元社會
中仍然存在著如何理解社會統一，如何追求社會統一的問題〔註11〕，因此羅
爾斯希望藉由面對人理性作用之下的多元價值觀，透過《正義論》建構一個
民主社會中的交叉性共識，就是希望在承認多元的前提下，包容各種不同的

---

〔註7〕 林火旺著，《羅爾斯正義論》，（台北，臺灣書店，民國87年3月，初版），頁
12。
〔註8〕 韓非當時所處的時代乃是君權高漲的時代，各國之間爲了生存戰爭頻繁，因
此，韓非當時所提出的政治主張與學說，必將先符合其君主之利的前提，因
爲君主的接受與否才是決定其政治學說理論能否實行的關鍵。
〔註9〕 同前揭書《羅爾斯正義論》，林火旺著，頁12。
〔註10〕 但昭偉譯述，《重讀彌爾的「自由論」》，（台北，學富出版社，民國90年2月，
初版），頁33。
〔註11〕 何包鋼，〈羅爾斯的交叉性共識——民主的社會統一觀及其理性基礎〉，此文
章收錄於《哲學與文化》十七卷第七期，1990年7月，頁605。

價值主張和生活方式，也就是在差異中建立統合〔註 12〕，所以這個交叉性的共識也就是一套實際可行的公共觀念，企求在尊重個體私利追求的前提下，來統合整體社會公利的實現，也就是希望在多元的自由主義社會下，卻又不導致於混亂；相反的，在多元的局面中，希望有正義的觀念來實現社會和文化的整合與統一。

## 二、正義的概念與原則

### （一）正義的概念

羅爾斯在《正義論》第一章中明白指出，他所謂的社會正義，主題是社會的基本結構。也就是說，他所要探討的是社會的主要制度，對於基本權利和義務、以及分配社會合作的利益時，所應採取的方式〔註 13〕。所以羅爾斯正義論所關切的問題是：社會合作應該在什麼樣的公平條件下進行？在實際社會中，這些條件（不論公平與否）乃見諸羅爾斯所謂的「基本結構」。他試圖提出一套專門用來規範這種「基本結構」的正義原則〔註 14〕。所以羅爾斯所說的「正義」，主要是在強調在社會基本結構的正義，他關注的並不是一般性的正義，因此羅爾斯認為「正義即公平」，他說道：

> 「每個人都有以公平為基礎的不可侵犯之處，即使以社會福利整體為由也不能踐踏之。因此，公平否認了為一些人的利益而損害到另一些人的自由的正當性。公平不允許為了大多數人的更大利益而犧牲少數。在一個公平的社會，公平所保證的權利不能屈服從於政治交易或對社會利益的設計〔註15〕。」

因此羅爾斯的正義理論是要建立一個適當的正義原則，使各種不同價值主張的人都能合理的接受，所以羅爾斯提出「正義即公平」（Justice as Fairness）的概念，羅爾斯認為：

> 「社會正義原則的主要問題是社會的基本結構問題，是一種合作體系中的主要的社會制度安排。我們知道，這些原則要在這些制度中掌管權利和義務的分配，決定社會生活中利益和負擔的恰當分配。

---

〔註 12〕同前揭書《羅爾斯正義論》，林火旺著，頁 29。
〔註 13〕同前揭書《羅爾斯正義論》，林火旺著，頁 31-2。
〔註 14〕同前揭書《正義及其相關問題》，戴華、鄭曉詩主編，頁 257。
〔註 15〕Rawls，John：《*A Theory of Justice*》，p.3-4.

> 適用於制度的原則決不能和用於個人及其在特殊環境中的行動原
> 則混淆起來。這兩種原則適用於不同的主題，必須分別地加以討論
> 〔註16〕。」

因此，羅爾斯社會正義的主題是社會基本結構，所以他所關注的並不是一般
性的正義。他也強調，適合社會基本結構的正義原則，不一定適用於私人機
構或其它社會團體，也和許多非正式的生活規約無關〔註17〕。所以羅爾斯所
要建構的正義概念並不是針對於特殊性的問題，而是針對於社會合作應該在
什麼樣的公平條件下進行的普遍性問題來建構其正義觀念，因此羅爾斯的正
義觀念是建立在一個公平的程序上，也就是所謂的「純粹程序正義」〔註18〕
的概念（pure procedural justice），羅爾斯企圖透過對抽象原則的要求與放棄對
具體結果的認定，來求公平程序的徹底實現，趙敦華先生在《勞斯的『正義
論』解說》中說道：

> 「社會是合作的具體組織。人們之所以要組織社會是因爲他們明白
> 『合則俱益，離則俱損』的道理。社會中人能夠獲得單憑它們個體
> 力量所得不到的利益。因此，人必須在與其他人相合作的社會活
> 動中創造自己的利益。但是，社會成員的利益既是一致的又是相
> 互衝突的。因爲人們不僅知道社會成員所創造出來的利益大於個
> 體在單獨活動中所能創造利益的總合，而且也不會對社會利益的
> 分配無動於衷。誰都有獲的較大分配的慾望和危恐得到較小份額
> 的顧慮。因此，社會需要一些原則來分配社會合作中所產生的利

---

〔註16〕 Rawls，John：《*A Theory of Justice*》，p.5.
〔註17〕 同前揭書《羅爾斯正義論》，林火旺著，頁33。
〔註18〕 所謂「純粹程序正義」就是指對正當的結果缺乏獨立的標準，卻可以確立一
　　　　個正確或公平的程序，只要正當的依照這個程序，不論結果如何，就是公平，
　　　　換句話說，純粹程序正義就是以公平的程序定義結果的公平性，所以「純粹
　　　　程序正義」的最重要特點就是：這個程序必須被實際的執行。譬如：有一群
　　　　士兵因戰敗而撤退，當他們逃到一個重要的據點時，大家都知道，如果有一
　　　　個人在此斷後，其餘的人才有逃生的機會，否則大家都會被追殺。在這種情
　　　　形下，誰該犧牲生命以拯救大家呢？假設每個人都想活命，這時候似乎誰都
　　　　沒有強而有力的理由要求別人留守，因此如果以抽籤的方式決定誰來負責斷
　　　　後，只要沒有人作弊，抽籤這種方式對所有人都是公平的。因爲在抽籤之前，
　　　　每一個人都有均等的機會留守或逃生；一旦抽完籤後，要求抽中留守的人負
　　　　責掩護其它人逃生，則是一種公平的要求。（參考： 林火旺著，《羅爾斯正義
　　　　論》，（台北，臺灣書店，民國87年3月，初版），頁35）

益和責任。這些原則所規定的社會成員所能享受的分配份額便是
他們的權利〔註19〕。」

上述的一段話，我們可以發現羅爾斯與韓非都體認到一個問題，也就是「利」
的問題，爲了怕「利」之分配與規範問題的紛爭，導致社會的動亂，所以羅
爾斯提出「正義即公平」的概念，希望讓多元的價值觀透過一個公平的程序
作爲前提，以建構一套適用的公共觀念，也就是正義觀念營造一個穩定整合
的社會。

### （二）正義的原則

羅爾斯是以契約論的模式建構其正義原則，而正義原則的內容是以一個公
平的程序所決定，由公平的程序來對治「利」的問題。所以羅爾斯提出了一個
「最初狀況」（original position）的概念，希望透過「最初狀況」來達到基本契
約的公平。羅爾斯透過「最初狀況」這一純粹的假設狀態，給予《正義論》的
理論基礎——人，來作一客觀的限制與預設，羅爾斯相信不同的人總是處於不
平等的地位，即使是生活在最初狀況中的人也不能倖免。決定不平等的因素有
些是先天的（如種族差別和由於遺傳學上的原因而產生的智力和體力的差別），
有些則是後天的（如階級和等級的差別），有些則是由客觀環境所造成的（如由
不同的機遇和家庭出身、不同的時代和社會所造成的差別）。處於不平等地位中
的人在討論權益分配原則的時候，總是要不可避免地優先考慮自己所處之地位
的作用。這倒不一定出自於自私自利的心理，而是因爲人都具有不願在分配中
吃虧，不願爲他人犧牲自己利益的傾向〔註20〕。這種因爲人都具有不願在分配
中吃虧，不願爲他人犧牲自己利益的傾向的心態，羅爾斯稱爲「理性」。因此，
在羅爾斯的人性觀中，人是具有其自爲之傾向的，「理性」就是其自爲關鍵，所
以羅爾斯希望透過「原初狀況」的無知之幕達到理性立約者的深思熟慮的判斷
（considered judgments）。因爲羅爾斯所假設的狀態是每個理性立約者們之所以
參與訂立契約乃是爲了增進自己的利益，但是因爲「原初狀況」的無知之幕的
假設，所以他們卻對於什麼是自己的利益這點一無所知，由於立約者對於一具
體事實一無所知，他們不知道自己的信仰、宗教、性別、種族、階級等，因而
也就不能提出一些對自己有利的原則。這樣子可以保證最後所達成的原則不會

---

〔註19〕 趙敦華著，《勞斯的《正義論》解說》，（台北，遠流出版社，民國77年12月，
　　　　 初版），頁33。
〔註20〕 同前揭書《勞斯的《正義論》解說》，趙敦華著，頁49。

受到自我利益的影響。由於無知之幕的作用，使得立約者們不知道自己是誰，因而他們當然也就無法知道自己的具體興趣及利益何在。在這種情況下，我們如果還能夠談立約者的利益的話，這種利益就是最普遍性的〔註21〕。羅爾斯希望透過「無知之幕」讓每個理性人的特殊性計劃與欲望的利益能夠暫時被隔離，所有理性的立約者在不知個人所處的特殊地位或具體興趣、特殊利益下，林火旺先生說道：

> 「無知之幕的設計保證沒有人在選擇正義原則時，因其自然的機緣或社會情境的偶然因素，而使自己處於特別有利或不利的選擇情境中〔註22〕。」

羅爾斯認爲雖然無知之幕的設計使所有理性立約者失去了只爲自身謀利的個人資料與情報，但所謂最初狀況的人並不是原始人，他們具備和現代人同樣多的、爲實現其利益所必需的知識。應該強調的是，這些知識是一般性的知識，它的特點是適用於任何人，而並非特別適用於具有特殊地位和能力的人。既然「無知的面紗」掩蓋了關於每個人特殊地位的知識，這些一般性的知識可以滿足人們獨立地追求和保護利益的需要〔註23〕。同時，羅爾斯把最初狀況的人的理性稱爲「互不關心的理性」（mutually disinterested rationality）。羅爾斯認爲「互不關心的理性」就是：

> 「我們對互不關心的理性所作的設想是：原初狀況中的人們力圖認可那些盡可能地實現其目的的系統原則，這體現在他們爲爭得最高指數的基本的社會利益而做出的努力之中；因爲不論他們具有何種關於利益的觀念，這種努力都能夠使得他們最有效的促進他們的利益。人們決意不與他人計較利益，也不有意要去傷害他人；他們決不爲愛憎所動，也不想和他人認親拜戚；他們既不妒忌，也不自負。用一個遊戲來作比喻，我們可以説，他們爲盡可能高的絕對比分而奮鬥，而不關心對手比分的高低，也不試圖擴大或縮小他們與其他人之間的差距。這實際上並不符合遊戲的觀念，因爲各方關心的不是取勝，而是在各自的目標系統中盡可能地取得高分〔註24〕。」

---

〔註21〕 石元康著，《洛爾斯》，（台北，東大圖書公司，民國78年6月，初版），頁152-3。
〔註22〕 同前揭書《羅爾斯正義論》，林火旺著，頁59。
〔註23〕 同前揭書《勞斯的《正義論》解説》，趙敦華著，頁52。
〔註24〕 Rawls，John：《A Theory of Justice》，p.144-5.

因爲「互不關心的理性」的預設，所以理性的立約者只會在「無知之幕」的條件下，選擇與促進自我的利益，而不去透過算計來爭奪與妒忌別人的利益，而理性的立約者也意識到合作的必要性，如前所述，最初狀況中的人們並不缺乏關於人類社會一般事實的知識，他們把對政治、經濟和社會組織活動的實質和功能，乃至人類的普遍需求及心理傾向均有所了解，他們願意並準備彼此合作以謀求更大的利益。但是理性也告訴他們，只有按照公平的方式分配合作所創造的利益，合作才能比單幹給每個人都帶來更大的利益〔註25〕。但問題是我們如何確定每一個理性人在普遍性的相關知識下，一定會有相同的追求方向或交叉性的共識存在，羅爾斯在此提出了一個重要的觀念，就是「社會基本善」（Primary social goods）的觀念，所謂的基本善即是理性人在追求任何事物所需要之物，不論個人的理性生命計畫爲何，有許多東西對任何人而言總是多比少好，如：權力、自由、機會、所得、財富和自尊等〔註26〕。事實上在羅爾斯的構想中，「社會基本善」是一種「薄弱的善理論」，因爲它並沒有具體的指涉或結構、組織這些基本善的觀念，在《正義論》的架構中，主要的目的是確立一個客觀價值的標準，以便與「無知之幕」中，人尚存有的普遍性知識相對應，因爲人的普遍性知識尚存，所以每個理性人在進行思考時，都會以基本善爲衡量的標準，以能否促進基本善爲核心點，理論陳述進至此，羅爾斯正義理論的框架已大致架構出來，在原初的狀況下，立約者所面臨的是一個合理的選擇（rational choice）問題。藉著原初狀況這個設計，羅爾斯將對於道德原則選擇這個複雜的問題轉化爲一個合理的選擇問題。在做前項選擇時，沒有甚麼東西可以作爲我們的指引，我們常常只能借助於直觀，而後一種選擇卻有一些原則或規則給我們指導。這項選擇所得的最後答案就是公正的原則〔註27〕。羅爾斯認爲整個正義理論框架的核心就是這正義的二原則，他認爲理性的立約者會選擇他所提出的二個原則作爲分配公正的原則，這兩個正義的原則是：

1、每一個人所擁有的最大的基本自由權利，都和他人相等。

2、社會和經濟上不平等的制度設計，必須同時滿足以下兩個條件：

〔註25〕同前揭書《勞斯的《正義論》解說》，趙敦華著，頁53-4。

〔註26〕同前揭書《羅爾斯正義論》，林火旺著，頁74。

〔註27〕石元康著，《當代自由主義理論》，（台北，聯經出版社，民國84年5月，初版），頁120。

（1）對每一個人都有利，差異均等原則。

（2）地位和職務對所有人平等開放，機會均等原則。

羅爾斯利用所有理性人在不確定狀況下進行選擇時，所採用的原則——最大化最小值〔註28〕的解決方案，證明正義二原則是保障了最基本的社會分配正義的問題，羅爾斯認為所有理性人在原初狀況的無知之幕下，所有特殊性的知識都不存在，所以所有理性人的思考將以不冒險才是最佳的策略為主，因此在不確定的狀況下，採取最大化最小值以求保障每個理性人自我最基本的權利。羅爾斯的理論代表著自由主義的一段全新的歷程，在羅爾斯手裏，自由主義不但是鼓吹個人自由，強調個人利益，而且更主張公平的分配，主張以一套公義的原則去代替歷來自由主義所默許或者假定的市場規律為準的放任政策〔註29〕。羅爾斯的正義是建立在公平平等之上，透過原初狀況的無知之幕，來建構一個純粹程序正義的過程，同時其理論核心中的正義二原則，其實所強調的都是平等，第一項正義原則用來處理「平等的自由」，第二項正義原則用來處理「平等的分配」〔註30〕。其主要目的是羅爾斯發現自由的價值和平等的價值是緊密聯繫在一起的，而沒有平等的自由是形式的，因此羅爾斯企求透過正義二原則中的平等落實公平，以達成正義理想的實現。

---

〔註28〕最大化最小值的特點在於，它只考慮所有可能選擇結果中最差的結果，如在下述的圖表中：

| 決　定 | 情　境 | | |
|---|---|---|---|
| | C1 | C2 | C3 |
| D1 | ～7 | 8 | 12 |
| D2 | ～8 | 7 | 14 |
| D3 | 5 | 6 | 8 |

在上述的三種可能的決定和三種可能面臨的情境中，最大化最小值則會要求選擇者採取第三種決定，因為選擇 D3 最差的結果是出現在 C1 的情境，只有 5 單位的獲利，但在相同的情境下，選擇其它兩種決定卻要損失 7 或 8 個單位利益。所以採用最大化最小值規則進行選擇時，是考慮所有可能的決定中最差情況，然後比較這些較差的情況，以最差的情況中最好的結果作為選擇的對象。（參考：林火旺著，《羅爾斯正義論》，（台北，臺灣書店，民國 87 年 3月，初版），頁 93-4）

〔註29〕馬國明著，《從自由主義到社會主義》，（台北，南方叢書出版社，民國 77 年 7月，初版），頁 41。

〔註30〕約翰・羅爾斯著，姚大志譯，《作為公平的正義 正義新論》，（台北，左岸文化事業，民國 91 年 11 月，初版），頁 259。

　　羅爾斯《正義論》理論陳述至此，羅爾斯《正義論》理論的整體架構已大致明朗，其理論前提是架構在自由主義的基礎上，自由主義的核心就是差異的問題，自由主義對待差異的方法，是採取政治中立的態度，以超越差異的方式，希望建立一個位階高於各種差異，而且也能爲所有差異所能共同接受的政治原則〔註31〕。在自由主義下各種差異的產生，來自於所有理性人的理性，因爲每一個人透過自身的理性，而有其特殊的理性生命的計劃，如張三將來想做老師、李四將來想開一家餐廳……等，因此，羅爾斯透過人理性中的自利算計，來假設一個原初狀況，希望透過原初狀況中無知之幕修正人的理性，同時也利用人的理性，以找出所有理性人在普遍性的情況、知識下，透過反思均衡思考下，所推導出來的正義二原則，接下來吾人將針對於羅爾斯《正義論》的理論基礎——理性與《正義論》中羅爾斯所欲架構的正義觀念理論內容，以此與韓非的「利」觀念作比較，將由二者的理論基礎到理論結構與結果作整體結構的對比，希望藉由二者的對比探討二者其實際內容之開展及其理想極致的境界所在。

## 第二節　羅爾斯的「理性」與韓非的「心」的比較

　　羅爾斯《正義論》與韓非「利」觀念中，在其理論基礎上有一個相同的預設，就是人皆有自利之情，所不同的是，羅爾斯並不把人的理性就限定在這一層次，他透過了一些論證，試圖證明理性即善；而韓非則是認爲人人都是以自爲之心爲目的，能限制與調適我們私欲的，與能夠讓私欲與公利有所調適的，只有透過「君」來貫徹「法」與維護「社會交換」的機制。故本節將先由二者的理論基礎，對人的預設上的關鍵處開始著手，希望先由對二者理論基礎中，對人預設的理論基礎關鍵之處，加以比較以釐清二者理論中所談的「正義」的基本方向。

### 一、羅爾斯的「理性」

　　正義的問題是架構在人與人的基礎上，如果沒有人的存在，則正義的問題可能並不會存在，所以羅爾斯與韓非都對於人的認知作了一個預設，羅爾斯的預設就是凡是人都有理性，故羅爾斯常稱人爲理性人，在原初狀況中的

---

〔註31〕林火旺著，〈族群差異與社會正義〉，此文章收錄於《臺大哲學評論》第二十一期，頁252。

理性立約者，他給予立約者的基本特質是理性的、互不關心的，並且公開知道彼此都有正義感的能力，後兩個條件是建構在第一個條件——理性之上，理性在羅爾斯的定義中，大致涵概了以下三個層次：

（一）特殊性的理性 ——▶工具理性〔註32〕：意指每個主體對於自身的理性計畫，每個主體都對自身的生命計畫有著合理的選擇與審慎的思考，如李四正在找工作參加面試，之後他收到兩家公司的錄取通知，假設甲公司願意給他每月三萬的月薪，並享有公司福利，而乙公司則願意提供每月四萬月薪，同時享有公司福利與績效獎金，這時一般人在理性的思考下，應該都會作出一合理的選擇，選擇乙公司，因為乙公司所能提供的薪水、福利都比甲公司要好，合理的選擇就是根據理性的原則決定生活目標的過程，這些原則包括：

1、最有效手段的原則：在幾個可行的途徑中，最理性的選擇是花費最少或是最經濟的那個選擇。〔註33〕

2、包含性的原則：我們如果有一組目的，而且有兩個以上的途徑可以或多或少地完成這組目的。其中一個途徑比另外一組途徑，在花費一樣的程度下，可以完成較多的目的，則我們應該選擇那個能完成較多的目的的途徑。〔註34〕

3、或然率較高的原則：如果某一個途徑完成某一個目的的或然律比另外一個途徑為高，則我們應該選擇那個或然律較高的途徑。〔註35〕

這三個原則很顯然的利用到了計算，計算的主體是針對於主體我，因此在羅爾斯所談的「理性」中，第一層的涵義中，人性是自利、自為的，也因此羅爾斯設計了一個「原初狀況」，讓所有理性的立約者暫時除去這層特殊性的工具理性，以求所有理性立約者能在一個公正的原初狀況下立下正義的原則契約。

（二）普遍性的理性 ——▶ 社會基本善：所謂的「社會基本善」是羅爾斯對所有理性人普遍理性欲求的假定，當人處於原初的狀況下，在這無知之幕下，所有理性的立約者已失去所有有關個人的特殊性理性，但羅爾斯認為

〔註32〕工具理性是指工業發展之後進而窄化為科技理性，以標準化、工具化、操作化、整體化為方法，精確性為唯一標準，形成了工具理性，簡單區別工具理性與價值理性的標準可運用康德美學中的「無私性」（disinterestedness），價值理性不帶有某些實用的目的，工具理性則帶有實用性。

〔註33〕同前揭書《洛爾斯》，石元康著，頁160。

〔註34〕同上註，頁160。

〔註35〕同上註，頁160。

既使如此，但是每一個理性人都需要某些基本的善。在特殊性的理性下，由於每個人能力、環境、需求的不同，爲了配合這些情境和條件的差異，每一個人都會追求最有利於自己與和自己最合適的理性計劃，因此自然人人有所不同，但無論個人的目標系統如何，基本善都是實現個人目標必要的工具。羅爾斯認爲他的正義理論與功利主義最大不同點之一，主要爲功利主義是一目的論（teleology），而他的理論是不把「對」（right）定義爲善的最大化之義務論（deontology）。在「正義即公平」的理論中，人們不知自己的特殊人生觀之前，先決定並接受正義原則，羅爾斯認爲：

> 「因此他們隱含同意將他們之價值觀符合正義原則之要求，或至少
> 不提出和此原則直接違背之主張〔註36〕。」

因此「正義即公平」之理論特色和功利主義相左，是不把任何欲望的滿足視爲「善」，正義原則是個人欲望、抱負之限制，任何生命理想和目標必須和其相容，也就是說，道德價值之評斷必須先符合對錯之標準才有意義〔註37〕。這就是羅爾斯所說的「對」的優先性理論，社會基本善的觀念，在羅爾斯的政治理論的系統中是一個整體客觀價值的確立，爲了避免與「對」的優先性相抵觸，羅爾斯稱「社會基本善」之知識爲「薄弱的善理論」（the thin theory of the good），因爲基本善只是任何理性人建構其生命目標最基本之必需物，預設此薄弱的善理論所推導出來之正義原則仍然是公平的，因爲它不預設任何特殊的價值觀。所以羅爾斯的立約者在最初的契約情境中，只被理性的自我利益所導引，好像公民作爲自由平等人，其所需求的基本善都是一樣，所以只要基本善的分配原則一旦確立之後，政治領域的衝突就完全消失。

（三）亞里斯多德原則的理性：「亞里斯多德原則」可以被解釋爲一種「完善論」的一個特例，它說明了人類具有自我完善的傾向。但是，羅爾斯堅持認爲，倫理原則應該具有社會性，應該和關於社會權益分配的正義保持一致〔註38〕。根據「亞里斯多德原則」：

> 「個人情感和友誼，有意義的工作和社會協作，對知識的追求和對
> 美好事物的塑造和關注，這些都具有我們所熟悉的價值，它們不僅
> 在我們的合理的生活計劃中佔有重要位置，而且大多數場合應該用

---

〔註36〕 Rawls，John：《*A Theory of Justice*》，p.86.
〔註37〕 林火旺著，〈多元價值和「對」的優先性〉，此文章收錄於《臺大哲學評論》第十五期，頁37。
〔註38〕 同前揭書《勞斯的《正義論》解說》，趙敦華著，頁137。

　　　　正義的方式加以增強〔註39〕。」

羅爾斯把「亞里斯多德原則」帶入社會性中，他相信人們的才能只有在得到社會的承認、公眾的贊許之後，他們才會得到樂趣和滿足。人們是在別人對自己的評價中認識到自我價值，在別人的鼓勵中增強了自信心。這些社會合作、友誼和交際都是出於自尊，羅爾斯根據「亞里斯多德原則」認為，人們必然會以具有社會價值的自尊為主要生活目標。並且理性所追求的自尊是與尊重、同情他人的道德觀念和促進社會合作的倫理原則互依共存的。如果把這些道德觀念和倫理原則歸屬為「善」的觀念〔註40〕。則吾人即可推得羅爾斯所欲證明的「理性即善」的結論。

　　羅爾斯針對於對理性探討，將理性分為三個層次，第一個層次是特殊性的理性，第一層次理性的分歧與紛爭，就是造成社會整體分配結構不正義的因素，所以羅爾斯設了一個原初狀況的無知之幕，讓所有理性的立約人其自利的欲求歸零，因為對自身的特殊性無任何的資料訊息，因此所有理性的立約者所追求只會是普遍性的理性，也就是任何理性人建構其生命目標最基本之必需物，最後利用「亞里斯多德原則」推導出認為只有那些不滿足坐享其成的安逸，而不斷向自然索取的動物，才能增強自身的能力，所以提出了在一個良序的社會中，人們所追求的必然會以具有社會價值的自尊為主。三層次的理性其實都含有自利之情，但羅爾斯逐步把人的自利方向歸屬到對善的自利，如下圖：

　　第一層次：特殊性的理性 ────▶ 所追求的：只對自身有利的價值或理
　　　　　　　　　　　　　　　　　　性的計劃

　　第二層次：普遍性的理性 ────▶ 所追求的：因對被無知之幕的限制，
　　　　　　　　　　　　　　　　　　所以所有理性的立約者必需作一普遍
　　　　　　　　　　　　　　　　　　通盤的思考，所追求的是對社會任何
　　　　　　　　　　　　　　　　　　層級的人都能享受到的社會基本善

　　第三層次：亞里斯多德原則的理性 ──▶ 對理性人最高層次的探求，
　　　　　　　　　　　　　　　　　　　　所欲追求的雖然也是以自利
　　　　　　　　　　　　　　　　　　　　為主，但其自利追求的是善
　　　　　　　　　　　　　　　　　　　　的歸屬，因此結論是理性是
　　　　　　　　　　　　　　　　　　　　善。

〔註39〕 Rawls，John：《*A Theory of Justice*》，p.425.
〔註40〕 同前揭書《勞斯的《正義論》解說》，趙敦華著，頁139。

二、韓非的「心」

　　在韓非的利觀念中，其對人的理論基礎中，最重要的基礎點是在於利己人性觀，這人性觀的考察與預設，開展成韓非「利」觀念的思想，而在其利己人性觀中，韓非會有如此的看法與預設，與其對人「心」的定義有極大的關係，因此韓非在建構其「利」觀念中的正義觀念時，是正視到人心的問題與利用著人心而發展，與羅爾斯的「理性」在其《正義論》中的地位是相同重要的，二者都是對人性預設的基礎，由對於人性的預設，來建構其相對應的正義觀念。

　　在中國哲學裡，「心」的觀念和西方哲學的唯心論，有很大的不同；中國哲學乃是透過修養工夫，來彰顯本心〔註41〕，「心」這一名詞，是歧義名詞。至於何時成了一專有名詞，亦難考察，在甲骨文此字闕，金文和小篆字形相似，皆象徵人體的心臟。若將其義加以引伸，是以心象徵人體之中樞，人的主宰，人一切的動力根源〔註42〕。因此，在中國哲學裡的儒、釋、道三家，對於人性論辯的交點與開展的起點，都是以「心」為其討論焦點，但心的涵義是廣泛且複雜的，在「心」的定義中，不僅止於是一本心、仁心、天地之心或道心等，在此筆者將由心的動與靜兩面來作區分。

　　就靜的一面言之，此「心」的涵義，即是心即性之意，如胡五峰所說的「盡心成性」，此時是將心視為一主觀的明覺處，而性則是客觀存在的根據，當吾人本心至誠澄靜時，則本心自能明覺其性，如此則心即性、性即心，儒家所稱的道心、天地之心、仁心或道家所稱的虛心、道心、靈台之心、佛家所說的自性清靜心……等，都可視為對於「心」由靜的一面去定義。

　　再就動的一面言之，心之動就是指本心中的主觀面的欲求、情欲、認知在作用，在中國哲學中，大部份都是分兩義說心，第一義的心是心的動之一面，孔孟荀都曾分析過人心的負面，尤其是荀子，佛家統稱此心為妄心、生滅心，或以八識心王稱此心。此生滅心有隨淨緣，亦有隨染緣，隨淨緣者，稱之為覺，隨染緣者稱為不覺〔註43〕。第一義的心多是把心用來解釋現象界的矛盾，而第二義的心，則是思維本體界的心，也就是指心之靜的一面。韓

---

〔註41〕李志勇著，〈孟子與莊子修養論之比較研究〉，文化大學博士論文，民國78年，頁113。
〔註42〕陳英善著，〈從「心」論中國哲學基本型態之開展〉，文化大學博士論文，民國76年，頁4。
〔註43〕同上註，頁5。

非所言的心，則是完全針對於第一義的心，也就是完全以心之動的一面說心，韓非所言的心，根據林義正先生的研究，《韓非子》中的「心」，可包括「情」、「欲」，且將「心」歸諸「性」。而言「心」又特從「情」、「欲」、「自為」、「計算」方面著眼〔註44〕。韓非認為「心」是作為思維器官，是天生的。

「天生也者，生心也，故天下之道盡之生也。」《韓非子・解老》

天生之心具有思維特性，因而產生各種各樣的思想意識〔註45〕。在這其中「心」因為有計算之表現，故有「智」的表現，此「智」的表現，造成了人「欲利之心」的形成〔註46〕，「欲利之心」也就成為韓非對心的認定中，最重要的思想意識，因此韓非先由對「心」的認知，再將「心」之「智」的表現歸於「性」，故曰：

「夫智，性也；壽，命也。性命者非所學於人也。」《韓非子・顯學》

因此，韓非對於人性觀的看法是以「心」證「性」，以「心」歸「性」。既然人人本心皆是如韓非所言的都有利己之心，如此，則人們的動靜思慮就是要受利欲的支配，圍繞「利」而行動，以謀取「利」為目的〔註47〕。因此，韓非由此開展其「利」觀念，既然人人皆無必然善之心，只有必然自為之心，則韓非便把「利」作了一些界定，區分了大利、小利、長利、短利……等，最重要的是讓這些區分按其性質分屬於公利與私利的範疇，以求人在利的追求上，能夠做到形式上正義性之追求，以求讓利合於取得之合法性、使用之正當性、對於利益自身的謙卑性與實用性。此外，韓非雖認為人之心只是利己、欲利之心，但他相信人有為追求「利」而使心專一的可能，故曰：

「舉事慎陰陽之和，種樹節四時之適，無早晚之失，寒溫之災，則入多。不以小功妨大務，不以私欲害人事，丈夫盡於耕農，婦人力於織紝，則入多。務於畜養之理，察於土地之宜，六畜遂，五穀殖，則入多。明於權計，審於地形、舟車機械之利，用力少致功大，則入多。利商市關梁之行，能以所有致所無，客商歸之，

---

〔註44〕 林義正著，〈先秦法家人性論之研究〉，此文章收錄於《臺大哲學評論》第十二期，頁167。

〔註45〕 李甦平著，《韓非》，(台北，東大圖書公司，民國87，初版)，頁92。

〔註46〕 請參見本論文第五章第一節，在其內文中，清楚的論辯人的欲利、利己之心的存在。

〔註47〕 同前揭書《韓非》，李甦平著，頁92。

> 外貨留之，儉於財用，節於衣食，宮室器械，周於資用，不事玩
> 好，則入多。入多，皆人爲也。若天事、風雨時，寒溫適，土地
> 不加大，而有豐年之功，則入多。人事、天功，二物者皆入多，
> 非山林澤谷之利也。」《韓非子・難二》

勤以生儉，儉於用度，能如此自然是在「心」上有所專一，有所專一之原因
乃是對於「利」的追求，因爲欲利之心的欲求，故使人在心上能專一求利，
故韓非利用此一點，設「法」來明賞罰，以君國之利做爲其賞罰的前提，以
此來建構人們在求「利」上的正義觀念，使人們各自專注於對正義之利的追
求。

## 三、羅爾斯的「理性」與韓非的「心」的比較

　　綜合上述對二者分別對「理性」和「心」的認知整理，吾人可以發現，
對人預設的結果是決定其之後相對應之策略方向，羅爾斯與韓非在根本上都
認知到一點，就是人的自利之情，只是羅爾斯認將其歸諸於人的「理性」的
作用，而韓非則認爲那是「心」的作用，因爲「理性」與「心」在本質上的
自利，所以容易發生了人與人之間利益爭奪的問題，如此將造成整體社會正
義無法體現的問題，因此，羅爾斯與韓非又分別針對於「理性」與「心」作
了相應的正義觀念，羅爾斯雖然認爲人皆有其自利之特殊性理性，但羅爾斯
相信可以透過一個無知之幕，來限制人的特殊性理性，待揭開無知之幕後，
進入一個良序的社會後，人的理性會更上升一層次，如前述的亞里斯多德原
則，因此，羅爾斯企求的是先透過原初狀況的無知之幕，先擱置人的特殊性
理性，待正義的原則確立了後，讓每個人特殊理性是在公平的程序下競爭，
讓理性在自然的發展下，引出理性人對於出於社會價值自尊的重視，希望透
過一個純粹的程序正義來解決人的自利問題，最終目的是將每個理性人中的
「理性」導入「善」，使每一個理性人都成爲道德人。

　　韓非與羅爾斯有著相同的立論基礎，都是以人性的自利爲基礎，不同的
是羅爾斯所走的是逆境，就是透過原初狀況、社會基本善、亞里斯多德原則，
這一條理路目的是在證明在正義原則和程序確立後，人是可以將其理性完全
轉化成道德性的理性，而韓非所走的理路是採順境，韓非認爲人皆自利，因
爲人人皆有其自爲之心，此自爲之心就是人性，化解之道就是去面對問題進
而解決問題，面對問題就是先讓國君正視到私利普遍存在的問題，同時讓國

君能夠瞭解到這本是人的本性所在、無法改變，因此當公利與私利相衝突時，若沒有一個適當的監督機制，人們往往會重私利而輕公利，因此解決問題的方法，便是透過君來維護法與社會交換的機制，讓人人都能知道公利優先性的重要，將這公利優先性的觀念，透過法或社會交換的機制貫徹到人心中，讓人人見利思義，這個義不是建立在自覺上的正義，而是建立在人之自為心上的趨利避害所建構的正義。

羅爾斯與韓非都透過一個相同的理論預設來發展其理論，而其所走的理路與所建構的理論之不同關鍵在於，羅爾斯的理性是有可以為善的理性之成份，而韓非的心是將人性置於負面去思考，在探討了二者的理論基礎後，下一節筆者將只針二者的正義理論作結構內容的探討與比較。

# 第三節 韓非與羅爾斯的「正義」觀念比較

在前文中，筆者已提到過，正義的前提是架構人與人之間的關係上，如果沒有人的存在，則正義的問題自然也不存在，因此羅爾斯與韓非在理論基礎上，都對於人作了一個預設，並各自抓出影響人思考決定的最大因素，就是「理性」和「心」。但是二者所談的正義觀念，羅爾斯的正義觀念似乎是較明確的，且在前文中業已敘述，以下將先分別針對二者的正義觀念、理論結構作整體的比較，以下將先分別敘述二者的正義觀念：

## 一、羅爾斯與韓非的正義觀念

羅爾斯的《正義論》開宗明義的提到正義即公平的主張，其主要的正義觀念就是由一個關於合理政治正義觀的交叉性共識來保證穩定社會統一的可能性。在公正的正義中，對社會統一的理解始於對社會的看法—社會是自由、平等人之間的合作系統。社會統一和公民對公共制度的忠誠不建立在他們對共同善觀念的肯定的基礎上，而建立在他們一起接受的一個調節社會基本結構的政治正義觀念的基礎上〔註48〕。韓非的正義觀念則是建構於其「利」觀念之上，由於韓非對於人性感性經驗面的考察，將人置於團體實際的生活

---

〔註48〕何包鋼著，〈羅爾斯的交叉性共識——民主的社會統一觀及其理性基礎〉，此文章收錄於《哲學與文化》十七卷第七期，1990 年 7 月，頁 608。

中來看人的本能反應，並且由此而發展出他的統治方法〔註49〕。因此韓非以
「利」觀念來建構其正義觀念，韓非由人性論的考察發現，國家社會整體不
安動亂的最大問題是公私異利問題，造成在上的賞罰系統與在下的毀譽系統
不相對應的情況，如此將造成如〈五蠹篇〉所說的：「故法之所非，君之所
取；吏之所誅，上之所養也。法趣上下四相反也，而無所定，雖有十黃帝不
能治也。」《韓非子‧五蠹》而造成公私異利的原因是因爲私利普遍存在的
問題，造成人人都有其自爲的算計之心，因此心主計量，而所計量者惟己利
一端，利在人心中的分量，遠超過情與愛。在利己之爭逐下，已失去其道德
上應有的價值判斷，而僅落在利害上，作相對的衡量〔註50〕。韓非發現到「利」
是除之不盡的，但「利」是可以禁的，當以「私利」害「公利」時，就該禁
止其「私利」的取得與使用，所以韓非把「利」明確的分爲兩種具體的範疇，
就是「公利」與「私利」，韓非認爲在公私利相衝突時，公利是具有其優先
性的，而具體落實的方法就是透過「君」與「法」來落實，由君主基於治理
臣民的需要，在公利與私利、君利與臣利相背之情況下，實有制定一客觀標
準之法，以爲君臣民之行爲的準則，而此法的原則應是以公利優先於私利的
原則性來制定，因此，我們可說韓非治民的態度基本上是應用國家的公權
力，標舉出統治者所欲求取的目標，以刑賞作爲趨策導引的工具，以民「致
其所用」的能做爲社會活動的動力，來推動整個統治的運作〔註51〕。因此韓
非正義觀念是建立在公利上，韓非並不禁止私利，但他反對因私害公的私
利，故曰：「人臣有私心，有公義。修身潔白而行公行正，居官無私，人臣
之公義也。汙行從欲，安身利家，人臣之私心也。」（《韓非子‧飾邪》）他
認爲私利不可盡除，最好的方法是設一個客觀賞罰標準與民約定，以建立「信
賞必罰」、「功罪得當」的正義觀念，讓私利與公利能夠得到和諧的共存，因
此韓非的正義觀念就是「利益之和諧」的觀念，以公利爲前提，以法爲客觀
標準，使得人與人之間的利益獲得和諧而共存，如此則君權也愈牢固，國家
也愈強盛。

---

〔註49〕何保中著，〈韓非子思想綱領淺探〉，此文章收錄於《臺大哲學評論》第十一
　　　　期，頁250。
〔註50〕同前揭書《韓非子的哲學》，王邦雄著，頁110。
〔註51〕何保中著，〈韓非子思想綱領淺探〉，此文章收錄於《臺大哲學評論》第十一
　　　　期，頁251。

## 二、羅爾斯與韓非正義理論的結構

正義是人為人而設立的規範。正義的發生是因為生活的基本需要而起，特別是在群體生活中，更顯出正義的重要性〔註52〕。羅爾斯與韓非所欲建構的正義，其理論結構是不同的，韓非是屬於一種「形式正義」（formal justice），「形式正義」的原則就是無具體內容，所以能夠具有普遍性。由於形式正義只要求法律或規範制度無私（impartial）且一致性（consistent）的被執行，因此，它不能被保證必然產生正義的結果〔註53〕，不過韓非在其形式正義之上，仍有其具體的大前提，就是以君利為前提，以追求前提符合君利的公利、社稷之利，如下圖：

所制定的「形式正義」其基本方向不違背君利且有利於君利

↑

前提

法的框架

形式具體的內容：公利的優先性

X 的行為不能違反公利

所追求的

↓

透過形式正義來追求一國的利之和，以達富國強兵之目標

羅爾斯所架構的正義，其理論結構是不同於韓非的形式正義，羅爾斯所架構的正義是一個社會公平分配結構所建構的程序正義，程序正義所關心的是達到結果所採取的程序與步驟，形式正義只是關心法律或規範制度無私且一致性的被執行，羅爾斯認為只要程序與正義是相關的，因此他所思考的問題是公平的程序如何設計，程序的執行如何貫徹，都是程序正義必須解決的課題，因此，羅爾斯所欲架構的正義，是架構在於對程序思考上的正義，如下圖：

〔註52〕 參考於李志勇老師法家哲學上課講義〈正義〉，丙部份。
〔註53〕 同上註。

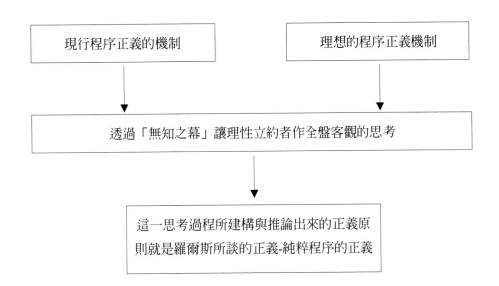

由前述的圖表分析可知，羅爾斯與韓非所欲架構的「正義」在理論結構上是不盡相同的，韓非希望讓公私異利的問題放入形式正義的框架中，讓形式正義的框架彰顯與維護整體國家社會的正義，以求利之和，不過其形式正義的前提是建立在以不違背君利為前提；羅爾斯的正義則是希望透過每個理性人自利的動機，讓所有理性人在其所處的機制下，透過無知之幕的思考，讓理性的立約者在反思均衡下，思考其最理想的正義原則，以求正義程序的體現。韓非的正義觀念與理論結構與羅爾斯相較，韓非的正義理論是在求一個由亂到治，由君主所建立的一元化、絕對化的正義理論架構，而不同於羅爾斯的正義是建立在一個自由主義的基礎上，在一個民主的社會中，所架構起來企求在尊重多元的社會中，追求一個「穩定與整合」社會的公共觀念。但羅爾斯與韓非的正義觀念中，都有一個共同的起點與理想性目標所在，就是二者皆是看到「利」的問題，希望透過對於人性自利問題的掌握，進而解決群體性「公利」與個體性「私利」相衝突的問題，而建構出一套可以通行於國家社會的公共觀念，而這套公共觀念便是二者理論背後的最高理想所在，便是企求透過這一套公共觀念的建立與實行，以達成私利與公利的和諧關係，與落實公利的實踐，並達成整體國家社會正義理想性目標的徹底實現。

# 第八章 《韓非子》「利」觀念之檢討與評價

韓非的「利」觀念是緊扣其所處之時代課題下的產物,「利」觀念的問題就是群體社會國家治與亂的根源所在,故韓非企求對「利」觀念的探討與應用以達到「去亂求治」之目的。因此,其「利」觀念實已架構在其所有政治理論(法、術、勢)的核心之中,故本章的目的是對於「利」觀念作整體的反省與應用。本章將先對於「利」在韓非法、術、勢哲學體系架構中的意涵作探討,其次,任何學說有其可取之處,亦必有待商榷之處,「利」觀念自不例外,因此,將針對於其「利」觀念作客觀的檢討與評價,探討其得失所在。

## 第一節 「利」觀念在法、術、勢中的意涵

在韓非的整體政治哲學系統中,君主安危的維護與治權的落實是其理論的前提與基礎,而法、術、勢就是落實其理論基礎與前提的基本概念與方法。在法、術、勢三者中,法是居於核心的地位,韓非說道:「公私不可不明,法禁不可不審,先王知之矣。」(《韓非子‧飾邪篇》)這段話主要是在說明,如何界定「私利」可以存在的範圍,以防止以私害公的情形,只有靠明法禁來落實。韓非的「法」就是指「法律」,是一個社會或國家團體公共的行為規範。這種人類的行動規範,乃是由於社會事實所產生的,是具有人為之強制性,其目的是要讓在上位的賞罰標準與在下位的毀譽系統一致,也就是在公利與私利間求取利之和諧共存的情況,以求群體社會國家能建立一個客觀的價值

觀，先求內政之治與富爲基礎，然後企圖將其轉化爲對外的強兵之國家至上主義〔註1〕，故《韓非子》曰：

> 「竊以爲立法術，設度數，所以利民萌便眾庶之道也。」（《韓非子‧問田篇》）

> 「抱法處勢則治，背法去勢則亂。」（《韓非子‧難勢篇》）

> 「故以法治國，舉措而已矣。法不阿貴，繩不撓曲。法之所加，智者弗能辭，勇者弗敢爭。刑過不避大臣，賞善不遺匹夫。故矯上之失，詰下之邪，治亂決繆，絀羨齊非，一民之軌，莫如法。」（《韓非子‧有度篇》）

> 「設法度以齊民，信賞罰以盡民能，明誹譽以勸沮，名號、賞罰、法令三隅，故大臣有行則尊君，百姓有功則利上，此之謂有道之國也。」（《韓非子‧八經篇》）

故「法」是在韓非整體政治哲學中扮演著關鍵地位的角色，張素貞女士說道：

> 「法的作用，是要在公平的原則之下，依據客觀的標準來處理人與人之間的糾紛，維護社會秩序。人難免自私自利，法卻是公平可循的典制。英明的君主一定要培養臣民先公利而後私利的觀念，有守法愛團體的精神，才能收到法治的效果〔註2〕。」

所以「法」之落實的同時，也就是「公利的優先性」的落實，並且也界定了每個人私利的適當範圍，以求使公利與私利有適當的合諧，王邦雄先生在其《韓非子的哲學》一書中，給予法提出一個清楚明確的定義：

> 「法爲治國之無上大法，君臣上下唯一之行爲規範，勢、術之發展，必以法爲其標準衡石，而助長其禁眾御臣，趨於君國公利之功能〔註3〕。」

相對而論，術與勢則是韓非整體政治理論中的方法論，術與勢的存在是爲配合「法」的落實而出現。術是君主統治的方法，目的是在落實法治的確實執行，李增先生說道：

> 「基本上《韓非子》所論的「術」雖然很廣泛，然而可歸納成以下的定義：

---

〔註1〕 同前揭書《中國思想三──墨、法、邏輯》，宇野精主編，林茂松譯，頁168。
〔註2〕 張素貞著，《韓非子：國家的秩序》，（台北，時報文化出版社，民國87年，四版），頁61。
〔註3〕 同前揭書《韓非子的哲學》，王邦雄著，頁211-2。

一、術是達成目的之工具性運作的過程

二、術是人類爲達到某一目的所採取的策略、方法、技巧之運作手段

三、術即是人勞作過程之展現〔註4〕」

術所使用的對象是針對於人民和臣子，而使用術的主宰者只有君主一人，故術主要的目的是要幫君主落實法的施行，以求法治目的的達成。勢則是統治的權力，也就是勝眾威下之威權，法術的落實，必以勢爲其憑藉後盾，而助長其一民於法，御臣責功，歸於君國公利之功能〔註5〕。陳啓天先生認爲：

「『勢』即『主權』，亦當指國君之『勢』，國君集勢也就是主權在君之說，而與人臣之『勢』有所不同〔註6〕。」

韓非所主張的君主專制，是把國君的安危與否和國家公利的實現與否劃上等號的，然而國君並非人人皆爲聖賢，則必發生客觀環境的限制，韓非就希望透過「術」與「勢」的工具，讓君主更能掌握到其自身所處之客觀環境中險惡的人、事、物，同時更能體認與把握到客觀環境的不足處做努力，以及客觀環境的限制處作修正，故法、術、勢三者之間的關係，是以「法」爲核心架構起來，「術」與「勢」則幫住君主法治落實的工具，法、術、勢三者之間的關係與理論架構，以下圖示之：

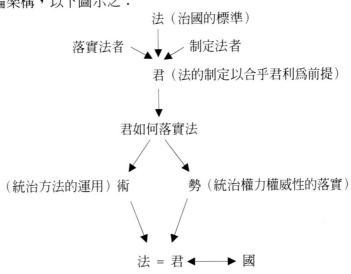

在說明了法、術、勢三者的關係與理論架構後，其次要討論的是「利」觀念

〔註4〕　同前揭書《先秦法家哲學思想：先秦法家法理、政治、哲學》，李增著，頁599。

〔註5〕　同上註，頁213。

〔註6〕　同前揭書《增訂韓非子校釋》，陳啓天著，頁948。

在法、術、勢中所代表之意涵的問題。

　　「利」觀念是一個中性的概念，「利」的思考是普遍的存在於每一個主體之中，韓非提出了「利」的問題，就是企求國君能正視「利」的問題，因爲水可載舟，亦可覆舟，「利」有爲善的可能；「利」也有爲惡的可能，國家社會治亂的根源即是基於此，故韓非對「利」觀念探討的重點，是在於區分利有公私之分的份際，同時確實對於公利私利關係作探討，並且對公利私利的優先性問題提出一套原則，才不會造成當私利與公利相衝突或私利與私利相衝突時，沒有一套客觀的標準規範社會秩序。然而在韓非政治哲學中「法」的建立就是基於「利」，同時要對治「利」，先企求國君能對於「利」有妥善的掌握與運用以穩定君主的權勢與地位，進而求國家整體的富國強兵。故鄔昆如先生在〈先秦法家社會哲學之研究〉一文中有言：

> 「在『富國強兵』爲目標，以利於行霸業的目的看來，『立法』的首要意旨也就在於爲公去私。在這裏，『私』的弊端呈現在個人與家族的利益，而『公』的意義也就在於國體的強盛。中國先秦的法家思想，在這方面是要執政者以及眾百姓，都必需擯棄一切自私自利，而在所有思言行爲上，都以國家利益爲前提。但是，這指導原則背後，隱藏著實踐原則的「術」的運用，那就是利用人民的私心，來完成法治的爲公去私的目標〔註7〕。」

由上文中可知，法的建立是基於利的問題，因爲人人皆有其普遍自爲之私利，若沒有一套公共的觀念或規範，要求一個對內穩定的社會是不可能的，所以法的產生是先求去私利〔註8〕，去私利的方法是在法的內容中保障「公利的優先性」的原則，在此原則之下，法的作用就是在遇到公私異利且相衝突時，保障公利能確實的實現，不爲個人或家族的私利所妨害與破壞。所以「法」的目的在於運用法律來解決社會衝突，使衝突的解決有標準可循，衝突可管

---

〔註7〕　鄔昆如，〈法家社會哲學之研究〉，此文章收錄於《臺大哲學評論》，民國72年1月，頁14。

〔註8〕　在此所指的「法」所欲去的私利，筆者以爲都是以私害公的私利，因爲若私利是在一合理的範圍中存在，則其私利並無禁止的必要，相對而言，還可以利用人民的私心來求公利的實現，筆者認爲鄔昆如先生在前文中所說的，立法的旨意是「爲公去私」，筆者認爲鄔昆如先生的意思是指針對於當個人或家族的利益危害到國家的利益時，所以要「爲公去私」，同時也只有在這樣的情況「法」才發生作用，若私利與公利無相關的情況，則此情況並不是在法所要對治的範圍中。

理在國家法律的標準下〔註9〕。所以法是現實環境的客觀軌道，法將一切複雜、多元的存在物經過其功能地、角色地區分與過濾，而單元化、功能化、元素化，由此而可順利地納入其結構，並展現其普遍性、必然性運作之可能〔註10〕，以求公利與私利間的衝突，透過一個控制或管理、交換的機制來達到平衡。所以「利」觀念在「法」之中的意涵是起點也是終點，韓非的「法」是見到治亂問題的根源——「利」而成立，因為公私異利的問題，所以公利與私利間的衝突與矛盾是容易造成國家社會不安的根源，故設法來明分止爭，其最終目的是要在公利的優先性為前提下，讓公利與私利能夠和諧共存，以創造利之和的情況，利之和的理想就是正義概念的落實，正義本是為促進個人與社會的幸福、和諧而設的，所以當公利與私利能夠和諧共存時，就是正義理想的落實。而術與勢在前文已提及是幫助國君落實法的工具，故術與勢是君主興公利的手段方法，法是君主興公利的原則與規範。術與勢輔助的對象是君主，對治的對象則是臣民，君主運用術與勢以求君利前提的成立，保障了君利再來求公利的實現，因此，術與勢的提出其立基點也是基於「利」，但術與勢是先求君利的安定，君主安危的保障確立了，再來企求以君來落實法，求一國之公利的實現。故「利」在術與勢的意涵是保障君主之利的落實，君主之利落實的同時，君主則能透過「法」來落實「利之和」的情況，以確保韓非對適當私利之條件的限制（取得的合法性、使用的正當性、對於利益自身的謙卑性、實用性），以落實公利優先性的原則，以去亂求治。故「利」在法、術、勢中的意涵是有具有層次劃分的，以下圖示之：

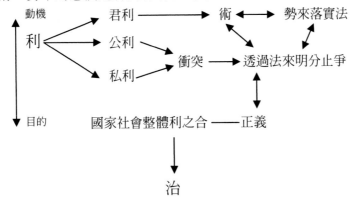

〔註9〕 林儒，〈從法律的功能論韓非的法治教育〉，此文章收錄於《哲學與文化》第二十八卷第二期，2001年2月，頁182。
〔註10〕 高柏園著，〈韓非子政治哲學之開展與極成〉，此文章收錄於《中國文化月刊》第92期，頁115。

由上述的圖表，吾人認爲「利」在法、術、勢三者之中的意涵，既是動機又是目的，韓非因爲看到治亂的根源——利的問題，而提出「法」來對治公私異利，同時以術與勢來落實「君利」，因爲民智不可信，故只有依靠一國之君以求法更徹底的落實，以達去亂求治，最後達到利之和、興公利的目的。

# 第二節　《韓非子》「利」觀念的檢討與反省

　　《韓非子》的政治理論可說是韓非一心富強韓國的理想，而其「利」觀念可說是其政治理論的核心，因爲「利」觀念在其政治理論中，既是動機、也是目的；既是終點，也是起點。因爲見到「利」的問題，而謀求解決方案來解決「利」的問題，以創造群體公利與私利的和諧，並將其「利」觀念理論的核心呈現與應用於其政治理論（法、術、勢）之中，更突顯其理論的現實性與積極性，但任何學說有其可取之處，亦必有待商榷之處，筆者以下將針對有關批評韓非及反對其「利」觀念的論點作反省與檢討，並藉此探討其「利」觀念的貢獻與價值所在：

## 一、挑戰與回應

（一）對「利」觀念的理論基礎之批評：偏頗的人性觀 ——→ 利己人性觀

　　徐復觀先生在其《中國人性論史》一書中，對於韓非的人性觀提出了如下的一段解釋：

> 「韓非純從生理地生命來認定性，生與性，可以視作同義詞。但其所以在『生』字外另用『性』字，乃表示由此生理地生命所發生的作用，爲生而即有，無法改變。……但此性由生理欲望而見；心的智能與生理的欲望相結合，則心將純是利己的活動。人人皆以純利的心相接，則人與人的關係，當然是可怕的〔註11〕。」

徐復觀先生點出了韓非「利」觀念的理論基礎——「利己人性觀」的思考「謬誤」，就是未清楚的認知到人有其天地之性與氣質之性的分別，也就是性有第一義與第二義之分，若由人之所以爲人的本質性而論，則人人皆有其自覺之心，而韓非所論的人性觀只停留在氣質之性來定義人性觀，以韓非對於人性的考察，似乎韓非是有意沒看到人性的第二義問題，就是天地之性，或是看到了，

---

〔註11〕同前揭書《中國人性論史——先秦卷》，徐復觀著，頁439。

但卻把天地之性視爲極爲偶然的情況，因此蕭振邦先生批評其人性觀言：

> 「以他的考察所得，根本不足以構成人性觀。韓非考察人性的方法
> 是依據他『參驗稽決』的不二法門，換言之，即經驗考察法；通過
> 經驗考察法而落於現實經驗的直斷，雖說引證有據，卻不免流於現
> 象的詮釋，終而產生對『人性』看法的重大混淆〔註12〕。」

故韓非「利」觀念中以「利己人性觀」爲其理論基礎是值得商榷的，王邦雄
先生說道：

> 「就由於韓非以人性皆挾利自爲，人心又刻意交計，遂推出其民智
> 如嬰兒，士智更不足信的絕望之論。雖亦承認世有仲尼曾史之德修
> 美材，然爲政之道，端在用眾而舍寡，舍適然之善，而求必然之功，
> 由是此人間美善之行，在其國法之畫一下，俱歸不見，呈顯而出的
> 僅是利害之計較，與人我之對抗。遂由其心性觀的偏頗，而導致其
> 政治哲學的沉落。此中之逆轉有二，一爲其反仁義道德，反學術文
> 化；二爲其立法無意養善，而僅在止姦〔註13〕。」

其「利己人性觀」基礎理論最大的致命傷就是對於人性之內在道德主體性的
忽視與矛盾，只以其偏頗的參驗結果決定其人性觀，因此他必須既承認道德
存在的事實，但卻不得不認爲那是少數聖賢才能爲的，於是又否認道德可能
展現的普遍價值。

　　筆者的回應：雖然韓非的人性觀有其偏執之處，但筆者以爲吾人必須有
一點認知，就是韓非的人性觀是「反應時代現象的產物與解決時代課題的依
據」。由於韓非所處的戰國時代是一非常態的時期，戰國時代的最大特徵就是
國與國之間的戰爭紛亂不已，殺人盈野、殺人盈城的情形履見不鮮，在頻繁
的戰爭中，如何讓國家有能力生存發展下去，便是最迫切解決的問題所在，
所以唯有加強國家實力一途，才能生存下來，因此在最混亂的時代中，要採
取務力的原則，只有取其必然之信，除去適然之善，故韓非人性觀的提出其
目的是要反應時代的課題，就是人性淪喪，只以「利」爲行動的動力，其次
以此爲依據提出對治的方法。故韓非「利」觀念中的人性觀，以客觀的角度
來看，不免失之偏頗，但放在當時的時代背景之下去看，則「利己人性觀」
的假定，是有其背後隱藏的目的性——「以法爲治」，同時積極的面對「利」

---

〔註12〕蕭振邦著，〈韓非哲學的人性觀探論〉，此文章收錄於《鵝湖學誌》，頁37。
〔註13〕同前揭書《韓非子的哲學》，王邦雄著，頁275。

問題的分歧，並爲治亂世用重典的方法提出最佳的理由與最好的辯護。

（二）對「利」觀念的理論內容的批評：在韓非的「利」觀念系統中，韓非常將公利、國之利、君之利等同而劃爲一條線，但實際上君主常因私慾之濫用與恣睢而侵害了國之利或公利。（桀、紂、胡亥之殘暴即是其例）而在另一方面，國之利亦未必全然合乎公利（秦之富國強兵的政策即損害了民利，其利反成爲其害），是故眞正之公利也者，當是君、臣、民整體之利，而其根本基礎則在於民利，民利才是公利眞正的基礎與本質。故韓非子在公利的立論上是本末倒置〔註14〕。

筆者的回應：在《韓非子・問田篇》中有說道：

> 「夫治天下之柄，齊民萌之度，甚未易處也。然所以廢先王之教，
> 而行賤臣之所取者，竊以爲立法術，設度數，所以利民萌便眾庶之
> 道也。故不憚亂主闇上之患禍，而必思以齊民萌之資利者，仁智之
> 行也。憚亂主闇上之患禍，而避乎死亡之害，知明夫身而不見民萌
> 之資利者，貪鄙之爲也。臣不忍嚮貪鄙之爲，不敢傷仁智之行。」

（《韓非子・問田篇》）

筆者以爲上述的這段話，表達出韓非對於公利、國之利、君之利之關係，並表達出其「利」觀念的最終理想所在。人民之公利是韓非「利」觀念所要追逐的最高理想與目標，但因爲時代與歷史條件的限制，在當時君權高漲的時代，君主很自然的以君利能否得到滿足爲其前提，故韓非不得不以君利當作公利達成的前提，韓非所欲做的是要由「君」權的落實來「救群生」「利民萌」，同時韓非相信「民智不可用，猶嬰兒之心也。」（《韓非子・顯學篇》）所以韓非把執行公利正義的執行者交給國君。因此，在韓非的「利」觀念中，是先由君利得到滿足的前提成立後，再將追求公利之工作交由君主執行，故韓非所企求的是先達成國家的治，再談國家整體的「安和樂利」，所以韓非所言的「公利」與「國家之利」在本質上是相同的，因爲在時代課題下的考量，先求國家的安治是首要的課題，國家能夠治，則君主自然有餘力去執行與追求整體人民之利。因此，筆者以爲韓非在公利的立論上並未本末倒置，韓非的立論點是希望透過對「利」的掌握，先求國家社會去亂求治的理想狀態，能達成治的理想情況，再來談整體人民之利的追求。在當時動盪不安的戰國時

---

〔註14〕 張申先生著，〈再論韓非的倫理思想不是非道德主義〉，此文章收錄於《中國
哲學史研究》（季刊）第二期，1989 年 4 月，頁 67。

代中，先求國家社會的安治，以止戰禍的發生，便算是對於蒼生黎民最大的公利。而前述秦朝的國利與公利相砥觸的例子，筆者以爲國利與公利在大方向上是一致的，都是促進多數人的幸福，而且上述例子中，秦朝所追求是一主之極端私利而非國利，秦的富國強兵不是建立在客觀的法上，而建立在君主的暴力上，因此，天下的喜怒造成了秦王朝僅短短的十五年便覆亡。

（三）對「利」觀念理論價值的批評：「千秋」與「一時」〔註15〕的批評

韓非的「利」觀念深刻的對治其時代的課題，敢面對現實人性的不足，而不像儒家之一昧仰望著理想，因此，韓非的「利」觀念是符合於當時現實政治的需要的，並且符合其時代的急迫性，可是，問題的核心還是要以「人」爲中心，政治社會的課題畢竟還是「人」的課題；「人」在亂世中，在生活的困境中，當然表現出其獸性的競爭原始狀態，再「求生存」中，當然會運用幾許優勝劣敗的原則，亦會傾向於弱肉強食的看法，但是，問題也就在國富兵強之後，「爭」的心態是否可以止息？或者，在「求生存」獲得某種程度的滿足之後，就有「人性」的「求仁」的理想？儒家「無求生以害仁，有殺身以成仁」的豪氣，是否更是人性的突現？也是否更能促進社會的安和樂利〔註16〕？韓非並沒有深入的思考形而上的終極問題，因此，韓非的利觀念不免讓人感到只是「一時」由求亂到治的方法論，而不是一門真正能讓百姓獲得「千秋」安和樂利的政治學說。

筆者的回應：筆者以爲韓非的「利」觀念本來就是時代的產物，所以是根據時代的需要而訂定其相應的內容與方針，當時的時代課題不是如何讓國家長治久安，而重點是讓國家由群雄的鬥爭中，生存下來進而富國強兵，所求的是其當時所面對的時代課題的指導方針，若當時是一個大一統的局面，則韓非可能會提出截然不同的安邦定國之治道。但「利」的問題卻是永遠存在的，因爲個體與群體必須相互依存，而在相互依存中，便會發生磨擦與衝突，這便是「利」觀念的起點。因此，綜觀古今的歷史，「利」觀念是一直存在的，並且爲解決問題的依據所在。如羅爾斯《正義論》，其根源性問題仍是在對私利與公利間衝突的問題，如何解決與整合所作的討論。近代的社會契約論也是根據「利」的問題來討論與制定解決的方法，企求透過契約的模式，讓公利與私利間得到和諧。而馬克思的共產主義也是針對於「利」分配不均

〔註15〕鄔昆如著，〈法家社會哲學之研究〉，此文章收錄於《臺大哲學評論》，民國72年1月，頁25。
〔註16〕同上註，頁25。

的問題與資本社會中私利過份膨漲，以致以私害公的情況所做的解決方針。因此，韓非的「利」觀念的視野是有其偏頗點所在，但那是其時代課題下的思潮，所作出的相因應的對策，若是放在不同的時代背景下，則可能會產生另一種截然不同的解決方案。因此，「利」觀念的問題與概念在今日的社會中，仍然是被引以為用的，而非僅限於「一時」的方法論，因為只要有國家社會的存在，群體與個體間便會因時代的改變而產生不同的問題，而這衝突點便是「利」觀念的起點，所以「利」觀念也是「千秋」的政治哲學。

　　上述三點主要是分別針對於韓非「利」觀念之理論基礎、理論內容、理論價值中的偏執與矛盾之處所作的批評，筆者則試圖以客觀的角度解讀韓非的「利」觀念，希望站在韓非當時的歷史視域下理解韓非的「利」觀念。上述的三項批評實有其論據所在，如對「利己人性觀」的批評，中肯的說明了韓非「利」觀念在理論基礎上的偏執，這的確是韓非「利」觀念中的缺陷，但相對而言，也是韓非「利」觀念中的時代精神所在，因為韓非的「利」觀念本是為了要解決當時時代的課題，戰國時代的時代課題便是「在亂世中如何去亂求治」，韓非所採取的方法是正視現實客觀環境的黑暗面問題，強調「特殊性」的黑暗面問題以尋求「普遍性」的解決方法，故韓非「利」觀念中的偏執與矛盾處，乃是為突顯時代的亂象與反應時代的課題並以此做為其「利」觀念建構與發展的核心課題。

## 二、韓非「利」觀念的貢獻與客觀價值

　　（一）積極正視問題的態度，對於客觀現實面問題的把握：韓非「利」觀念的最大特色，乃是正視實際利害的思想。其論人性，則謂求利避害乃是人之天性。其論人際關係，則謂人與人之間，建立在利害關係上，認為人與人間的交往，絕無有「主體性的『真』」之可能，無論君臣、父子、夫妻……，皆是如此。而韓非對於人與人間的利害關係，未加譴責或讚揚，只承認此為客觀存在的事實，欲群體的安治首先應該要積極正視與注意此一問題。故孫長祥先生有言：「韓非子思想最足取者，在其正視問題之態度，絕不逃避敷衍，寧可忍一時之痛，解決問題，以求長安久利〔註17〕。」韓非清楚認知到公利與私利間衝突的問題，便是造成國家社會不安的主要原因。因此雖然利己人

---

〔註17〕　〈韓非子思想的檢討〉，文化大學碩士論文，孫長祥著，民國 68 年，頁 170。

性觀是對人性最醜惡的詮釋,但韓非以過人的勇氣與積極的態度正視與解決「利」的問題,全然不同於儒、道二家,是採取迂迴的路線,試圖以主體性的道德自覺與對生命情意我的把握之主體性要求作為對治「利」的問題依據,而韓非則是積極的面對與正視到「人」與「客觀環境」間的現實問題,並認為「人的道德品質是受人的物質生活的影響而為其所決定」,故「事異則備變。」(《韓非子·五蠹篇》)所以韓非認為「利」的問題,因不同時代條件與背景有其不同之處,所以要用不同的解決方法,但重點是在於對現實客觀環境中之問題的把握,並藉此對治「利」的問題與利用「利」達到「治」的目的。故韓非「利」觀念的確有其實用性的實效,相較於儒、道二家來說,較能確實的掌握到一個時代中「人」與「現實客觀環境」的問題與脈動,也確實的契合著當時時代課題的要求。

(二)揭示政治哲學中治與亂的關鍵課題所在──→「利」的問題:韓非政治哲學基礎是建構在對「利」觀念的認知上,並將其「利」觀念帶入在政治哲學中兩個重要的概念,便是「個人」與「社群」之間關係的問題,由人人皆有欲求之「私利」的問題作為起點,以此問題來思考如何解決群體(公利)與個體(私利)的衝突,而其政治哲學所關注的焦點便是在於群體之治與亂的問題,而群體治亂的關鍵所在,即是在於群體與個體間相衝突、矛盾的問題,也就是群體的「公利」與個體的「私利」如何調合的問題。所以韓非相信欲求國家群體的安治,對於「利」的問題必須有深入的探討與掌握,尤其是對於群體的「公利」與個體的「私利」間之問題的掌握與探討。故鄔昆如先生在其《政治哲學》言:

> 「政治事務表面上是在處理群體性的事務,可是,這群體性本身卻是由個別性所組成;也即是說,國家社會是由個別的人所組成;因此,在論及『眾人之事』時,委實要先考慮到個人之事,首先滿足每一個個人的願望,然後才談得上全體之事。這個人的事以及公家的事之間的關係,甚至它們相互間的衝突與調合,原是政治家的智慧考驗。政治的得失和成敗,事實上也是在調合這個個別性和群體性之間的衝突。個別性的完美與群體性的完成,最終是要在互助合作,互相補足的情況下完成,才會締造國泰民安的社會,乃致於進入富強康樂的社會〔註18〕。」

──────────

〔註18〕 鄔昆如著,《政治哲學》,(台北,正中書局,民國 79 年 11 月,初版),頁 215。

上述的一段話，明確的揭示了政治哲學的首要課題便是「調合這個個別性和群體性之間的衝突。」而韓非則更明確的提出個體與群體間衝突的根源所在——「利」，因為人人皆有其算計之心及利己之情，但所欲或同或不同，故皆必引以為爭，因此導致了「公私異利」的問題。故韓非以其異常理性而冷眼旁觀的非情感態度，認知到了「利」的妥善安排與調合才是政治哲學中的核心課題，如何完善個體性的「私利」與完成群體性的「公利」是政治哲學中最重要的課題所在。因此，韓非的「利」觀念揭示了政治哲學中的根本問題與核心目的，即是對於「利」的問題的關注與解決，以及對「利」問題的妥善安排與調合。韓非的「利」觀念揭示了近代西方政治理論的根源所在，便是對「利」問題的對治，如社會契約論企求透過契約的模式讓公利與私利的衝突達到和諧，又如共產主義則是看到資本主義的過份膨漲，以致發生以私害公的情況，故希望透過共產制度的管理機制，使私利重新回到原點與公利和諧共存，故韓非「利」觀念的建構與發展，揭示了所有政治哲學中的核心課題所在，並確立了「利」在政治哲學中的關鍵地位。

（三）「正義」觀念的確立與落實：韓非與羅爾斯的政治理論，都是看到了「利」的問題，所導致的私利與公利間衝突與混亂的局面，以及個人與社群間的矛盾與衝突，而分別針對當時所處的時代背景，提出相應的解決方案。韓非是透過「法」建構一套通行的公共觀念，試圖透過君主以法、術、勢執行這套公共觀念以明分止爭，而這套公共觀念便是「個人」與「社群」中所共同接受或認知的客觀價值與規範，而羅爾斯則是認知到在民主的社會中，合理多元主義的存在，乃是自由制度運作的自然結果，此一事實，使得社會的秩序和穩定，不能再寄望於社會上每個人都接受同一價值觀來達成，因而必須另覓其他合理的途徑，使得一個社會能在異中有同，分歧中能有共識〔註19〕。而其透過「無知之幕」中所有理性人所架構的正義二原則，便是異中之「同」，也就是「個人」與「社群」間所共同接受或認知的客觀價值與規範。韓非與羅爾斯二者理論的最大客觀價值貢獻，便是認知到了政治哲學中最重要的問題，便是「個人」與「社群」間的衝突問題，也就是「私利」與「公利」如何妥善的調合與和諧共存的問題，所以韓非與羅爾斯都分別針對自身所處的客觀環境中，去找尋一套契合當時需要的公共觀念，這套公共

---

〔註19〕 張福建著，〈多元主義與合理的政治秩序：羅爾斯《政治自由主義》評釋〉，此文章收錄於《政治科學論叢》第八期，民國86年6月，頁118。

觀念便是所有「個人」與「社群」中的客觀價值與規範，透過這套公共觀念尋求去亂求治以及差異中之同一，而這公共觀念的意涵與理想，便是架構在政治哲學最重要的一個觀念之中，也就是正義的觀念，正義的內涵與標準是會隨著時代、環境、人群的不同而改變，此所以韓非與羅爾斯分別透過不同的解決方案調合公利與私利間衝突的問題，但其目的皆是透過一個公正的公共觀念架構來規範每一個主體在群體中的主觀欲望，以求規範私利與調適公私衝突的問題，以創造「正義」的理想目標，也就是「利之和」的理想情況。所以韓非與羅爾斯二者的政治理論最大的價值貢獻，便是都清楚地認知到了政治哲學的核心課題與理想目標所在，透過公共觀念的建立，以揭示「私利」與「公利」的合諧才是整體國家社會穩定與富強的關鍵，而「私利」與「公利」的合諧便是在群體社會國家中找尋一套公共觀念，藉由這套公共觀念來創造「利之和」的理想目標，而套公正的公共觀念便是「正義」觀念的確立與落實。以下圖說明之：

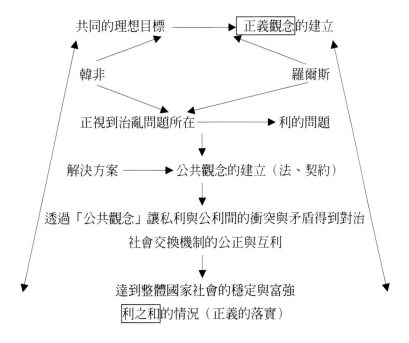

由上述可知「正義」觀念是二者理論中的最高內在理想性意涵所在，透過公共觀念的建立，對治「利」的問題與創造「利之和」的情況，進而確立「正義」觀念的落實與實踐於群體國家社會中。

以上是韓非「利」觀念中之貢獻與客觀價值所在，韓非的「利」觀念雖

然有其為因應時代的客觀限制而產生的偏執與矛盾，但韓非「利」觀念中的
理想性意涵與客觀之價值貢獻，既使用到近代的政治哲學中，仍有其適用性、
實用性與價值性所在，故韓非的「利」觀念是一個時代課題下的產物，但也
是一門恆真的政治哲學。

# 第九章 結 論

本論文研究的目的，在展現《韓非子》「利」觀念之思想架構，試圖透過系統性的分析與歸納之方法，還原與重建《韓非子》「利」觀念的最終目的與意涵，並透過羅爾斯的《正義論》探討《韓非子》「利」觀念背後的理想性目標與意涵所在。經過筆者的探討、分析之後，所得結論如下：

## 一、回顧

韓非的「利」觀念是架構在群體社會中，如何使「利己」與「利他」並存的問題，韓非清楚的認知到「人」總有其兩面性：一面是他的獨立性與個別性，另一面是他的群體性與社會性，而當這兩面性有所衝突時，若沒有一個適當的機制調節與管制的話，人往往會因為其算計之心與自利之情，而選擇私利放棄公利，造成以私背公的局面。因此，韓非的「利」觀念就是企求透過對「利」問題之探討進而掌握「利」、應用「利」，以完善主體與群體之「利」。所以韓非的「利」觀念是確切的抓住當時的時代課題，「利」觀念的主要目的，就是要讓治道徹底的實現，以當時的時代背景只談政道而不言治道是不切實際的，故只有先求去亂求治之治道的實現，再來談政道的問題，因此韓非發現了治亂的根源所在，就是在「利」的問題，因為沒有對「利」問題的正視與探討，同時沒有客觀的標準去規定公利與私利間的優先性問題，以致當公利與私利發生衝突時，造成整體國家、社會的紛亂、動盪，以致造成私利妨害公利的情況。故韓非「利」觀念的任務就是先在這「利」的環境中，建構一套公共觀念，以界定「利己」的適當範圍，以及如何使「利己」和「利他」並存，並透過這套公共觀念，以維護社會交換機制的公正性

與互利性，務必使「利」都能符合於取得的合法性、使用的正義性、對於利益自身的謙卑性、以及利的實用性，並且把「公利優先性的觀念」透過「法」架構其「公共觀念」，以落實於每個人的心中，且透過國君來執行法，並靠術與勢落實法的執行，最終的目的是企求透過對「利」的掌握，對治「利」、應用「利」，以求達到去亂求治之功，創造整體國家社會之「利之和」的情況，以落實「正義」的內在理想性目標。

## 二、韓非「利」觀念對於台灣社會的現代意義

吾人研究韓非的「利」觀念，並非僅在憑弔懷古，偶發思古之幽情；而是志在搭建一道接續溝通的橋樑，將前賢不朽的智慧，引入現代之中，在本論文前述篇章中，已明確的揭示韓非「利」觀念的客觀價值所在，並證明「利」觀念與西方近代政治理論的相關性與類似性。故韓非的「利」觀念在當今的台灣社會中，因仍有其現代意義與適用性，所以筆者將試著將針對於台灣社會的主要課題，以韓非「利」觀念的觀點與方法作為解決的依據，以揭示其「利」觀念的現代意義所在。

近十幾年來，我們的社會在現代化的潮流衝擊下，經歷了快速的社會變遷，使社會的型態由典型的傳統農業社會轉變至現代化工商社會。此種社會蛻變，不僅使社會結構與個人生活有著急遽的變化，同時人們的價值及意念也有相當的變異，在傳統的臺灣社會裏，以儒家思想為主線結合佛道二家所形塑之理想倫理建構的行為內涵邏輯，一直是檢視社會中人們實際行為與社會結構展現的準繩。在西方現代化勢力入侵前，社會問題表現在理想與現實間的裂縫上。社會裏人們實際運用的實行法則，始終與理想形構所內涵的法則有所出入〔註1〕。而隨著經由現代化所引發的社會變遷，為社會植入了新的意念與價值觀；然而，也產生了若干新的問題。其中尤以政治問題最為嚴重，台灣因其特殊的歷史背景與文化，在經歷了殖民統治、威權統治、解嚴與民主改革後，整體的國家社會總算是落實了民主政治的理想與目標，但相對而言，人民整體的民主素養與人文素養並未相應提昇，以致於民主政治中的政黨政治遭有心人利用，利用意識型態的對立來取得選民的支持，利用政治的二元對立，以獲得所欲得之個人「私利」，但如此的結果，將會造成了面對決

---

〔註 1〕 葉啓政著，《臺灣社會的人文迷思》，（台北，東大圖書出版社，民國 80 年，初版），頁 48。

策與問題時政治立場凌駕於專業之上的結果，以致於「以私害公」情況，妨害了「社會的整合」造成「社會分殊化與社會整合的矛盾」的情況，如此對於整體國家社會「公利」的落實，將會造成許多負面的影響與效益。

　　韓非「利」觀念則是用來修正台灣社會當前問題的最佳範本，因爲韓非「利」觀念其目的便是企求透過對於「利」的掌握，政治立場的對立與衝突本是對於「利」的失控與失序，故筆者希望透過「利」觀念找出一套公共觀念以對治利的衝突與統整利的矛盾，以達到台灣整體社會「利之和」的理想。因此，筆者將整理有關於韓非「利」觀念中重要的論點，以闡示其「利」觀念之於台灣社會的現代意義，整理如下：

　　（一）公利優先性的落實：台灣社會當前的最大問題，便是以私害公的問題，以致於造成公私異利的問題，只求一黨、一團體、一人之私利，在上位者與在下位皆不能確實的以國家公利爲其優先考量，以致在討論國家政策時流於意見、政黨之爭，若能透過法治的基礎，先確實的確立公利優先性之公共觀念與原則，則國家社會的正義將能被彰顯，同時國家社會群體的客觀價值也能被建立，如此則將能一改當今台灣社會中，只問立場不問是非的政治流弊，以實效性的公利能否達成作爲當前台灣社會的首要目標所在。

　　（二）社會交換機制的落實：近年來台灣社會失業問題日益嚴重，也因此造成了許多的社會問題，因爲社會交換機制的互利性與公平性已逐漸再消失中，所以造成了許多犯罪問題，企求透過搶、偷、奪、騙等方法換取更大個人利益，但如此卻造成社會交換機制公正性的破壞，所以當前台灣社會，應先透過「法」確立社會交換機制的正常運作，一來可利民萌，二來可止社會犯罪的問題。

　　（三）公共觀念的建立：在當前的台灣社會中，公共觀念的建立乃是當前最主要的課題，公共觀念若能夠建立，則公利優先性的原則也將確立，而公共觀念的主要目的便是在多元中建立統一性的共識，這套公共觀念若能確立，則國家社會整體的正義觀念也能被實踐，如此則在社會國家中將不會造成以私害公的情況，因爲人人都認知與遵守這套公共觀念，則人人在追求自我私利時，必能見利思義，去除當前台灣社會只問立場不問是非的政治問題。

## 三、總結與未來展望

　　本篇論文的主要目的，便是發前人所未發，企求透過對《韓非子》「利」

的探討與研究，以揭示「利」在韓非子哲學系統中的重要性與關鍵性，嘗試由「利」觀念的角度重新詮釋韓非子哲學體系中的核心與理想性意涵所在，另一方面也將《韓非子》的「利」以較完整與系統性之歸納整理，並以哲學性思維理路的面貌呈現，試圖重建與還原《韓非子》「利」觀念中的內在理想性意涵與目標，並揭示「利」觀念在政治哲學地位中的重要性，「利」觀念本是內存於每一個政治哲學中，因為所有的政治哲學的目的，都是企求透過某種制度或形式、理想來達到個體與群體和諧的理想情況。日後筆者仍將對「利」的課題作更廣泛與深入的研究，以及嘗試對於先秦諸子的「利」觀念作一統整與創造性的詮釋，以期對「利」觀念之客觀價值與貢獻之揭示和發揚。以上將是筆者日後的研究目標與方向所在。

# 參考書目

（以下各資料皆按書籍論文的出版年份排序）

## 一、原典部份

1. 尹知章注，《管子校正》，（台北，世界書局，民國 44 年，初版）。

2. 黃宗羲著，《明夷待訪錄》，（台北，臺灣商務出版社，民國 45 年，初版）。

3. 朱師轍注，《商君書解詁定本 慎子》，（台北，世界書局，民國 47 年，初版）。

4. 段玉裁撰，《說文解字注》，（台北，世界書局，民國 51 年，初版）。

5. 楊家駱主編，《穀梁注疏及補正》，（台北，世界書局，民國 52 年 5 月，初版）。

6. 楊家駱主編，《公羊注疏及補正》，（台北，世界書局，民國 52 年 9 月，初版）。

7. 吳汝倫撰，《尚書大義》，（台北，中華書局，民國 59 年 3 月，初版）。

8. 劉文淇注，《春秋左氏傳舊注疏證》，（台北，明倫書局，民國 60 年 2 月，二版）。

9. 唐.孔穎達疏；鄭玄箋，《毛詩正義》，（台北，廣文書局，民 61 年 8 月，二版）。

10. 蔣錫昌著，《老子校詁》，（台北，明倫出版社，民國 62 年 2 月，二版）。

11. 王先慎著，《韓非子集釋》，（台北，文光圖書公司，民國 63 年 3 月，再版）。

12. 陳奇猷著，《韓非子集釋》，（台北，河洛圖書出版，民國 63 年 3 月，初版）。

13. 班固撰，《漢書（七）》，（台北，鼎文書局，民國 63 年 10 月，初版）。

14. 司馬遷著，《史記（四）》，（台北，大申出版社，民國 67 年 3 月，二版）。

15. 陸佃注，《爾雅新義》，（台北，臺灣商務出版社，民國 70 年，初版）。

16. 張純一著，《墨子集解》，（台北，文史哲出版社，民國 71 年 2 月，二版）。

17. 陳啓天著，《增訂韓非子校釋》，（台北，臺灣商務印書館發行，民國 71 年 8 月，四版）。

18. 劉向集錄，《戰國策》，（台北，里仁書局，民國 79 年）。

19. 李滌生著，《荀子集釋》，（台北，學生書局，民國 80 年 10 月，六版）。

20. 顧炎武著，《日知錄》，（台北，世界書局，民國 80 年）。

21. 謝冰瑩、劉正浩等編譯，《四書讀本》，（台北，三民書局印行，中華民國 86 年，七版）。

22. 慎到撰，《慎子》，（上海市，上海古籍出版社，民國 86 年）。

23. 賴炎元、傅武光注譯，《新譯韓非子》，（台北，三民書局，民國 89 年，二版）。

24. 張素貞校注，《韓非子上》，（台北，國立編譯館出版，民國 90 年 3 月，初版）。

25. 王利器注疏，《呂氏春秋注疏（四）》，（成都，巴蜀書社，2002 年 1 月，初版）。

26. 清　永瑢、紀昀等撰，《武英殿本──四庫全書總目提要三子部》，（台北，臺灣商務出版社，出版年月日不詳）。

## 二、哲學專書部份

1. 陳啓天著，《中國政治哲學概論》，（台北，華國出版社，民國 40 年 6 月，初版）。

2. 侯外盧著，《中國思想通史》，第一卷，（北京，人民出版社出版，1957 年 3 月，初版）。

3. 王雲五著，《先秦政治思想》，（台北，臺灣商務出版社，民國 57 年 11 月，二版）。

4. 《馬克思恩格斯全集》第三卷，（北京，人民出版社，1972 年）。

5. 唐君毅著，《哲學概論》，上冊，（台北，學生書局，民國 63 年，三版）。

6. 林尹注譯，《周禮今註今譯》，（台北，臺灣商務出版社，民 63 年 11 月，二版）。

7. 唐君毅著，《唐君毅全集─中國哲學原論導論篇》，（台北，學生書局，民國 66 年，二版）。

8. 牟宗三著，《政道與治道》，（台北，學生書局，民國 69 年 4 月，初版）。

9. 王邦雄著，《中國哲學論集》，（台北，學生書局，民國 72 年，初版）。

10. 牟宗三著，《中國哲學十九講》，（台北，學生書局，民國 72 年，初版）。

11. 黃公偉著，《法家哲學體系指歸》，（台北，臺灣商務出版社，民國 72 年 8 月，初版）。

12. 陳啓天著，《中國法家概論》，（台北，中華書局，民國 74 年 9 月，四版）。

13. 李澤厚著，《中國古代思想史論》，（北京，人民出版社，1986 年 11 月，三版）。

14. 姚蒸民著，《法家哲學》，（台北，東大圖書有限公司，民國 75 年 12 月，初版）。

15. 宇野精主編，林茂松譯，《中國思想三—墨、法、邏輯》，（台北，幼獅文化事業，民國 76 年 11 月，五版）。

16. 馬國明著，《從自由主義到社會主義》，（台北，南方叢書出版社，民國 77 年 7 月，初版）。

17. 趙敦華著，《勞斯的《正義論》解說》，（台北，遠流出版社，民國 77 年 12 月，初版）。

18. 胡適著，《中國古代哲學史》，（上海，上海書店，民國 78 年）。

19. 石元康著，《洛爾斯》，（台北，東大圖書公司，民國 78 年 6 月，初版）。

20. 林毓生著，《政治秩序與多元社會》，（台北，聯經出版社，民國 79 年 9 月，二版）。

21. 鄔昆如著，《政治哲學》，（台北，正中書局，民國 79 年 11 月，初版）。

22. 戴華、鄭曉詩著，《正義及其相關問題》，（台北，中央研究院人文社會科學研究所，民國 80 年）。

23. 王曉波著，《先秦法家思想史論》，（台北，聯經出版社，民國 80 年，初版）。

24. 馮友蘭著，《中國哲學史新編二》，（台北，藍燈文化事業，民國 80 年 12 月，初版）。

25. 張岱年著，《中國哲學大綱》，（台北，藍燈文化出版社，民國 81 年 4 月）。

26. 葛榮晉著，《中國哲學範疇導論》，（台北，萬卷樓發行，民國 82 年，初版）。

27. 石元康著，《當代自由主義理論》，（台北，聯經出版社，民國 84 年 5 月，初版）。

28. 張立文著，《中國哲學範疇發展史》，（北京，中國人民大學出版社，1995 年 8 月，初版）。

29. 郭沫若，《十批判書》，（北京，東方出版社，1996 年 3 月，初版）。

30. 龔書鐸主編，《中國社會通史》，（山西省，山西教育出版社，1996 年 12 月，初版）。

31. 洪鐮德著，《馬克思》，（台北，東大圖書發行，初版，民國 86 年）。

32. 勞思光著，《新編中國哲學史一》，（台北，三民書局，民國 86 年，九版）。

33. 勞布（Peter M. Blau）著，孫非譯，《社會生活中的交換與權力》，（台北，桂冠出版社，民國 87 年 2 月）。

34. 林火旺著，《羅爾斯正義論》，（台北，臺灣書店，民國 87 年 3 月，初版）。

35. 黃慶明編著，《倫理學講義》，（台北，鵝湖出版社，1998 年，初版）。

36. 羅素著，《西方哲學史》，冊上，（台北，五南出版社，民國 87 年 11 月，五版）。

37. 徐復觀著，《中國人性論史──先秦卷》，（台北，臺灣商務出版社，民國 88 年，十二版）。

38. 羅光著，《中國哲學大綱》，（台北，臺灣商務出版社，民國 88 年，二版）。

39. 李增著，《先秦法家哲學思想：先秦法家法理、政治、哲學》，（台北，國立編譯館印行，民國 90 年，初版）。

40. 但昭偉譯述，《重讀彌爾的「自由論」》，（台北，學富出版社，民國 90 年 2 月，初版）。

41. 叔本華著，《叔本華選集》，（台北，新潮文庫，民國 90 年 5 月，二版）。

42. Robert Paul Wolff 原著，郭實渝、但昭偉、蘇永明、林逢祺、林建福等校譯，《哲學概論》，（台北，學富出版社，民國 90 年 8 月，初版）。

43. 約翰·羅爾斯著，姚大志譯，《作為公平的正義　正義新論》，（台北，左岸文化事業，民國 91 年 11 月，初版）。

44. 吳進安著，《墨家哲學》，（台北，五南圖書出版社，民國 92 年，初版）。

45. 原注郭象，導讀林聰舜，《莊子上》，（台北，金楓出版社，出版年不詳）。

46. 原注王弼，導讀袁保新，《老子》，（台北，金楓出版社，出版年月不詳）

47. 劉雅農總校，《法家佚書輯本七種：鄧析子校詮，尹文子校詮，公孫龍子校詮》，（台北，世界書局，出版年月不詳）。

## 三、韓非子專書部份

1. 謝雲飛著，《韓非子析論》，（台北，霧峰出版社，民國 62 年 1 月，初版）。

2. 黃光亮著，《韓非法治思想之研究》，（台北，慧明電打印刷有限公司，民國 67 年 6 月，初版）。

3. 熊十力著，《韓非子評論》，（台北，學生書局，民國 67 年 10 月）。

4. 徐漢昌著，《韓非的法學與文學》，（台北，維新書局，民國 68 年 1 月，初版）。

5. 吳秀英著，《韓非子研議》，（台北，文史哲出版社，民國 68 年 3 月，初版）

6. 王邦雄著，《韓非子的哲學》，（台北，東大圖書有限公司，民國 68 年 9 月，二版）。

7 黃瑞雲著，《韓非法政思想批判—兼論近代法政思想演變》，（台北，黃瑞雲發行，民國78年4月，初版）。

8. 朱守亮著，《韓非子釋評》（一），（台北，五南圖書出版社，民國81年，初版）。

9. 鄭良樹著，《韓非之著述及思想》，（台北，學生書局，民82年，初版）。

10. 高柏園著，《韓非哲學研究》，（台北，文津出版社，民國83年，初版）。

11. 張純、王曉波著，《韓非思想的歷史研究》，（台北，聯經出版社，民國83年12月，初版三刷）。

12. 谷方著，《韓非與中國文化》，（貴州省，貴州人民出版社，1996年1月，初版）。

13. 李甦平，《韓非》，（台北，東大圖書公司，民國87，初版）。

14. 張素貞著，《韓非子：國家的秩序》，（台北，時報文化出版社，民國87年，四版）。

15. 姚蒸民，《韓非子通論》，（台北，東大圖書公司，民國88年，初版）。

16. 蔣重躍著，《韓非子的政治思想》，（北京，北京師範大學出版，2000年11月，初版）。

## 四、其它書籍部份

1. 戴華山著，《語意學》，（台北，華欣文化事業，民國68年10月，三版）。

2. 薩孟武著，《中國社會政治史》，（台北，三民書局，民國77年，增訂五版）。

3. 葉啟政著，《臺灣社會的人文迷思》，（台北，東大圖書出版社，民國80年，初版）。

4. 馮契主編，《哲學大辭典》，（上海，中書出版社，1992年10月出版）。

5. 何三本、王玲玲著，《現代語義學》，（台北，三民書局，民國84年，初版）。

6. 錢穆著，《國史大綱（上冊）》，（台北，台灣商務出版社，民國84年，修訂三版）。

7. 葉保強、余錦波著，《思考與理性思考》，（台北，臺灣商務出版社，民國83年，初版）。

8. 高樹藩編纂，《正中形音義綜合大字典》，（台北，正中書局，民國84年11月，二版第十次印行）。

9. 王海山主編，《科學方法百科》，（台北，恩楷公司，1998年7月，初版）。

10. 彼得.A.安傑利斯著，段德智、尹大貽、金常政等譯，《哲學辭典》，（台北，貓頭鷹出版社，民國88年，初版）。

## 五、碩博士論文部份

1. 陳英善著，《從「心」論中國哲學基本型態之開展》，文化大學哲學研究所博士論文，民國 76 年。

2. 李志勇著，《孟子與莊子修養論之比較研究》，文化大學哲學研究所博士論文，民國 78 年。

3. 孫長祥著，《韓非子思想的檢討》，文化大學哲學研究所碩士論文，民國 68 年。

4. 孫邦盛著，《韓非子思想淵源之研究》，文化大學哲學研究所碩士論文，民國 74 年。

5. 曾國秘著，《《韓非子》治國思想》，中正大學中國文學研究所學碩士論文，民國 86 年。

6. 黃建誠著，《先秦法家思想之國家觀研究》，東海大學政治學研究所碩士論文，民國 88 年。

7. 郭名浚著，《《韓非子》人性觀究論》，輔仁大學中國文學研究所碩士論文，民國 87 年。

8. 謝青志著，《論韓非「富國強兵」思想及其現代意義》，輔仁大學哲學研究所碩士論文，民國 89 年。

9. 范揚善著，《韓非法思想研究》，中央大學哲學研究所碩士論文，民國 89 年。

10. 劉煥麒著，《羅爾斯的人觀探析》，政治大學哲學研究所碩士論文，民國 89 年。

## 六、期刊部份

1. 張素貞著，〈韓非子思想體系〉，此文章收錄於《幼獅學誌》第九卷第一期，民國 59 年 3 月。

2. 霍曼斯（Homans），〈作爲交換的社會行爲〉（Social Behavior as Exchange），此文載於《美國社會科學雜誌》，1958 年第 63 期。

3. 鄔昆如，〈法家社會哲學之研究〉，此文章收錄於《臺大哲學評論》，民國 72 年 1 月。

4. 蕭振邦著，〈韓非哲學的人性觀探論〉，此文章收錄於《鵝湖學誌》，民國 77 年 3 月。

5. 張申先生著，〈再論韓非的倫理思想不是非道德主義〉，此文章收錄於《中國哲學史研究》（季刊），第二期，1989 年 4 月。

6. 何包鋼著，〈羅爾斯的交叉性共識—民主的社會統一觀及其理性基礎〉，此文章收錄於《哲學與文化》十七卷第七期，1990 年 7 月。

7. 成中英著，〈中國哲學的方法詮釋學〉，此文章收錄於《臺大哲學評論》，

第十四期，民國 80 年 1 月，頁 249。。

8. 馬序著，〈韓非之貴一賤多的世界觀〉，此文章收錄於《哲學與文化》，十八卷第七期，1991 年 7 月。

9. 曾春海著，〈對黃宗羲《明夷待訪錄》民本思想的省察〉，此文章收錄於《哲學與文化》二十三卷第四期，1996.4。

10. 張福建著，〈多元主義與合理的政治秩序：羅爾斯《政治自由主義》評釋〉，此文章收錄於《政治科學論叢》第八期，民國 86 年 6 月。

11. 王曉波著，〈中國帝王的統治智慧—《韓非子》思想評介〉，此文章收錄於《哲學雜誌》第二十四期，民國 87 年 5 月出版。

12. 王曉波，〈〈解老〉、〈喻老〉—韓非對老子哲學的詮釋與改造〉，此文章收錄于《文史哲學報》第五十一期，1999 年 12 月。

13. 林儒，〈從法律的功能論韓非的法治教育〉，此文章收錄於《哲學與文化》第二十八卷第二期，2001 年 2 月。

14. 陳宜中，〈羅爾斯與政治哲學的實際任務〉，此文章收錄於《政治科學論叢》第十四期，民國 90 年 6 月。

15. 蔡淑閔著，〈論忠在《韓非子》一書中的意義〉，此文章收錄於《孔孟月刊》第三十五卷第五期。

16. 尹振環著，〈韓非子的進言術〉，此文章收錄於《孔孟月刊》第三十六卷第十一期。

17. 高柏園著，〈韓非子政治哲學之開展與極成〉，此文章收錄於《中國文化月刊》第 92 期。

18. 朱守亮著，〈韓非書各篇之題義命明主旨及其真偽〉，此文章收錄於《中華學苑》第三十六期。

19. 孫順智著，〈韓非的實利主義〉，此文章收錄於《長榮學報》第六卷第一期。

20. 曾春海，〈述評陳大齊對義利之辨的研究〉，此文章收錄於《哲學與文化》二十八卷第十一期。

21. 何保中著，〈韓非子思想綱領淺探〉，此文章收錄於《臺大哲學評論》第十一期。

22. 林義正著，〈先秦法家人性論之研究〉，此文章收錄於《臺大哲學評論》第十二期。

23. 林火旺著，〈多元價值和「對」的優先性〉，此文章收錄於《臺大哲學評論》第十五期。

24. 林火旺著，〈族群差異與社會正義〉，此文章收錄於《臺大哲學評論》第二十一期。

## 七、西文資料

1. Habermas, *Konwledge and Human Interests*, （Boston：Beacon Press, 1971）

2. Rawls, John, *A Theory of Justice* ．Cambridge, Mass：Harvard University Press, 1971

3. Wilhelm von Humboldt, Uber die Verschiedenheit des menschlichen Sprachbaues und ihren Einfluss auf die geistige Entwicklung des Menschengeschlechts . in：Andreas Flitner and Klaus Giel（ed.）Wilhelm von Humboldt. Werke in Funf Banden 3, Schriften zur Sprachphilosophie.（Darmstadt： Wissenschaftliche Buchgesellschaft, 1979）